アレンジが広がる
多肉植物ずかん
〜種類別にわかる育て方・飾り方〜
新版

TOKIIRO 監修

メイツ出版

はじめに

　多肉植物は主に、アフリカ南部やメキシコなど乾燥した砂漠地帯に自生する植物です。過酷な環境に耐えるため、葉や茎に水分を蓄えられるようぷっくりと、多肉質になっているのが特徴です。
　丸く肉厚な可愛らしいフォルムに魅了される人がじわじわと増え続け、ガーデニングはもちろん、雑貨ショップのアイテムとしても人気となっています。毎日水やりをする必要がなかったり、比較的手間をかけずに育てられる点も、人気の理由といえるでしょう。
　この本では、日本国内で手軽に入手しやすい多肉植物をピックアップして紹介、その品種ごとに組み合わせたアレンジを提案しています。形や性質、特徴を見てお気に入りを探すも良し、お店で見つけた植物の詳細の情報を調べるも良し、本書は多肉植物を「知る」「育てる」「アレンジする」うえで、さまざまなシーンで役立てることができます。
　多肉植物の特徴や育て方を理解し、日々の生活に癒しと彩りを添えましょう。

この本の使い方

この本では、多肉植物をベンケイソウ科ロゼット系、ユリ科、サボテン科、キク科、その他のベンケイソウ科の5つのPARTに分けて紹介しています。

各PARTは、紹介している科の植物をメインに使ったアレンジの制作手順のページと、代表的な植物を並べて掲載する図

アレンジのページ

タイトル&解説文
そのPARTで紹介しているアレンジのテーマや制作する上で意識するべき点、うまくアレンジするためのポイントなどを紹介している。理解を深めることで、よりよい作品作りにつながるので読み込もう。

アレンジ組み合わせ例
アレンジで使用する植物を並べて組み合わせ例を紹介している。一目で名前や数を知ることができ、図鑑と合わせて確認すれば特徴なども把握できる。

アレンジの手順
アレンジの制作手順を、写真と文章を使ってわかりやすく解説している。写真を見ながら制作することで、完成度が向上する。また、「CLOSEUP」という項目が設けられているページもある。一歩進んだテクニックや、うまく作業するためのアドバイスをしている。

鑑ページの二部構成になっています。読み進めることで、寄せ植えアレンジの技術と多肉植物の知識を同時に学ぶことができます。

またPARTの末尾では育て方のポイントについてのページも設けています。ポイントをおさえることで、多肉植物をイキイキと、キレイな形で育てられるようになります。

最初から読み進めるのはもちろん、気になるページだけをピックアップすることもできます。皆さんの用途に合わせて活用してください。

ずかんのページ

属名
リストアップする植物の属名（グループ）が、一目でわかるように表記している。

植物名
植物の写真と名前、さらに特徴を解説している。アレンジ制作や生育の参考にしよう。また、選ぶ際にも役立つ情報になる。なお、各PARTの図鑑ページの前には、植物のもくじが設けられている。名前を検索したい場面で活用しよう。

もくじ

※本書は2016年発行の『アレンジが広がる多肉植物ずかん〜種類別にわかる育て方・飾り方〜飾り方〜』の新版です。

はじめに ……………………………………………………………… 2
この本の使い方 ……………………………………………………… 4

PART1　多肉植物の魅力
多肉植物が喜ぶアレンジでイキイキと育てよう ………………… 10
多肉植物のルーツを知って適した環境作りをする ……………… 12
道具を一通り集めてアレンジ制作の準備 ………………………… 14

PART2　ベンケイソウ科ロゼット系
花のような形の葉を美しく寄せ植える …………………………… 16
ブーケのようなイメージの華やかなアレンジをする …………… 18
土を石にかぶせるように入れる …………………………………… 19
根をほぐして準備する ……………………………………………… 20
絡ませながらアレンジする ………………………………………… 22
ベンケイソウ科ロゼット系エケベリア属ずかん ………………… 24
ベンケイソウ科エケベリア属を楽しむ …………………………… 26
ベンケイソウ科ロゼット系アエオニウム属・グラプトペタルム属・
グラプトペリア属ずかん …………………………………………… 43
ベンケイソウ科アエオニウム属を楽しむ ………………………… 44
ベンケイソウ科グラプトペタルム属を楽しむ …………………… 46
ベンケイソウ科グラプトペリア属を楽しむ ……………………… 47
中央に水をためないように管理 …………………………………… 48
下の葉がしなびてきても放置する ………………………………… 50

PART3　ユリ科
光にかざして見ると葉先が半透明で美しい ……………………… 52
高低差を出しながら自生地の雰囲気を作る ……………………… 54
植物を引き抜いて土を払い落とす ………………………………… 55

寄り添わせて植える ……………………………………… 56
高さを調節してアレンジ ………………………………… 58
ユリ科ハオルチア属ずかん ……………………………… 60
ユリ科ハオルチア属を楽しむ …………………………… 62
植え替えのときに古い根を取り除いておく …………… 64
自生地の環境に近い半日陰で管理する ………………… 66

PART4　サボテン科

ユニークで可愛らしいトゲや花の形を合わせる ……… 68
アレンジのイメージに合った丈夫で扱いやすい植物を選ぶ ………… 70
ネットとゼオライトを器に入れる ……………………… 71
アレンジの主役を最初に植える ………………………… 72
仕上げに化粧土で装飾…………………………………… 74
サボテン科ずかん ………………………………………… 76
サボテン科マミラリア属を楽しむ ……………………… 78
サボテン科アストロフィツム属を楽しむ ……………… 80
サボテン科ギムノカリキウム属を楽しむ ……………… 82
サボテン科オプンチア属を楽しむ ……………………… 84
サボテン科エキノケレウス属を楽しむ ………………… 86
サボテン科エピデランサ属を楽しむ …………………… 87
サボテン科ツルビニカルプス属を楽しむ ……………… 87
サボテン科メロカクタス属を楽しむ …………………… 88
サボテン科テフロカクタス属を楽しむ ………………… 88
サボテン科ロフォフォラ属を楽しむ …………………… 89
サボテン科パキケレウス属を楽しむ …………………… 89
サボテン科エキノカクタス属を楽しむ ………………… 90
軍手をしてサボテンを安全に取り扱う ………………… 92
水は株ではなく土にしっかりあげる …………………… 94

PART5　キク科
個性的な形を活かしてオリジナリティを出す …………… 96
垂れ下がる植物の変化を楽しめるようにする …………… 98
深さのある器に石を敷く ……………………………………… 99
垂れ下がる形を使ってアレンジする ……………………… 100
器にボリューム感を演出する ……………………………… 102
キク科・メセン科・スベリヒユ科ずかん ……………… 105
キク科セネシオ属を楽しむ ………………………………… 106
メセン科スミクロスティグマ属 …………………………… 108
スベリヒユ科ポーチュラカリア属 ………………………… 108
土が完全に乾いたらすぐに水をあげる …………………… 110
保水性の高い土をブレンドして使う ……………………… 112

PART6　ベンケイソウ科
自然でありながら彩り豊かにアレンジ …………………… 114
小さな器のなかにセダムの森を表現する ………………… 116
小さめの器にネットを敷く ………………………………… 117
苗をカップから出して分割する …………………………… 118
ハサミとピンセットで形を整える ………………………… 120
ワイヤーを用いて固定する ………………………………… 122
バランスよく寄せ植える …………………………………… 124
ベンケイソウ科セダム属ずかん …………………………… 126
ベンケイソウ科セダム属を楽しむ ………………………… 128
ベンケイソウ科クラッスラ属・セデベリア属・パキフィツム属・
カランコエ属・センペルビウム属ずかん ………………… 138
ベンケイソウ科クラッスラ属を楽しむ …………………… 140
ベンケイソウ科セデベリア属を楽しむ …………………… 144
ベンケイソウ科パキフィツム属を楽しむ ………………… 146
ベンケイソウ科カランコエ属を楽しむ …………………… 148
ベンケイソウ科センペルビウム属を楽しむ ……………… 151
水やりのタイミングを察知する …………………………… 155
伸びすぎたらハサミでカット　切った芽を植え替える …… 156

監修者メッセージ ……………………………………………… 159

PART1
多肉植物の魅力

多肉植物のアレンジの面白さ

多肉植物が喜ぶアレンジでイキイキと育てよう

　多肉植物は門扉や軒先などに1つ飾るだけでも、その空間をぱっと、明るい印象にしてくれます。種類によって色や形はさまざまですが、淡く優しい色味の植物をディスプレイすれば、日々の忙しさで疲れた心と体を癒してくれることでしょう。
　同じ種類を一つのポットで飾っても充分可愛らしい多肉植物ですが、寄せ植えでアレンジしたものは、空間をより明るく華やかに演出してくれます。見た目の美しさはもちろん、植物がすくすくと元気に育つことに喜びを感じたり、植物の成長や季節の移り変わりとともにアレンジのフォルムが変化していく面白さを感じられることが多肉植物の魅力といえます。

多肉植物のルーツを知って適した環境作りをする

　植物は二酸化炭素と水と太陽光を使って"光合成"を行っています。葉緑素という色素で栄養分であるブドウ糖を生成する植物が成長するために不可欠な仕組みで、育てる際には光合成をしやすいように光と水のバランスをとることが大切になります。

　そのために重要になるのが、育てる植物のルーツを知ることです。多肉植物は原産地や性質によって、適した日やり・水やりがそれぞれ異なります。原産地とは気候の異なる日本で育てることになるので、なるべくルーツに近い環境作りをしてあげましょう。セオリーとしては太陽光で明るく、風通しの良い屋外が育ちやすい環境です。水やりは「月に◯回」など決めず、植物の様子からタイミングを見極めて行います。

PART 1 多肉植物の魅力

環境や季節によって置く場所を考える

置く場所は太陽光が明るく風通しの良い場所が適していますが、梅雨など長雨が続く時期には雨を避けられる場所に避難させる必要があります。葉が濡れると二酸化炭素を吸収する"気孔"が閉じてしまうのです。多肉植物は夜間に気孔が開くので、特に夜の長雨には注意。

また寒冷地の冬場や、湿度の高い日本の真夏なども多肉植物にとって厳しい環境ですので、その都度判断して屋内や日陰に移します。なお場所を移す際には、急激な温度変化にならないように気をつけましょう。

水やりは適時環境に合わせてあげる

育てる環境によって光の量などに差があり、また植物の種類や季節によっても違いが出てくるので、水やりの回数はこれらを意識してタイミングを決めなくてはなりません。植物が欲しているときに水をあげられることがベストなので、常に変化を気にかけることが重要です。

なお水やりの作業では、鉢底穴から溢れるくらいたっぷりとあげましょう。葉は濡らさず、土に向けて水やりすることがポイントです。

道具を一通り集めて
アレンジ制作の準備

アレンジをはじめるなら、園芸店などで基本的なアイテムを揃えておきましょう。細かい作業を前提に選ぶことがポイントで、ネットはメの細かいものに。棒はコーヒーをかき混ぜるマドラーや割り箸を使うとよいでしょう。土は園芸店にある多肉植物用のものを使用します。アレンジで使う土は、比較的細かいものを選ぶと根を張りやすくなります。一種類を単体で育てる場合は、大きめでも構いません。

アレンジによって土をブレンド

花用の培養土を土に混ぜると、水を蓄積しやすくなります。水を欲しがる植物をアレンジで使う際に有効です。こだわりが出てきたら、複数種類の土をブレンドしてみても良いでしょう。

PART2
ベンケイソウ科 ロゼット系

ベンケイソウ科ロゼット系のアレンジのコツ
花のような形の葉を
美しく寄せ植える

多肉植物のなかでも、特にポピュラーなベンケイソウ科。乾燥地帯をルーツとする植物が多く、数多くの種類があります。葉が放射状・らせん状に広がって育つものを"ロゼット系"(ロゼッタということもある)といい、花のようなフォルムは魅力に溢れています。ロゼット系の代表ともいえるエケベリア属を中心に据えて、美しいアレンジを制作しましょう。

PART 2

ベンケイソウ科ロゼット系

ブーケのようなイメージの華やかなアレンジをする

　アレンジではまず、器に表現する世界を想像しましょう。今回は、ブーケをイメージしてこぼれ落ちるようなアレンジを作ります。静夜や白牡丹といった大ぶりで存在感のあるロゼット系のエケベリア属を主役に、セダム属のゴールデンカーペットや覆輪万年草をグランドカバーとして使います。グリーンのグラデーションを、美しく見せることができるラインナップです。

　なお、アレンジ制作の際には乾いた土を使うことが基本です。湿っていると、植物たちに新しい根を出す生命力を与えられないのです。

ベンケイソウ科ロゼット系のアレンジ組み合わせ例

1. ゴールデンカーペット（セダム属）
2. ドラゴンズブラッド（セダム属）
3. 静夜（エケベリア属）
4. ピーチプリデ（エケベリア属）
5. 若緑（クラッスラ属）
6. マキノイ（セダム属）
7. サルメントーサ（クラッスラ属）
8. 覆輪万年草（セダム属）
9. 養老（エケベリア属）
10. 白牡丹（エケベリア属）

土を石にかぶせるように入れる

PART 2

ベンケイソウ科ロゼット系

1. 器はできるだけ鉢底穴のあるものを選んで使う。穴があることで水はけがよくなる。

2.

3. ネットをカットし、鉢底穴を覆うように敷いて穴をふさぐ。

4.

5. 器にカップのサイズ分（約8cm）の空きができる程度、石を入れる。たっぷりと入れることで水はけがよくなる。

6.

7. 土を石にかぶせるように入れる。いっぱい入れすぎると、植えられなくなるので注意する。

根をほぐして準備する

それぞれの苗をカップから出す。まずカップを両手で持ち、指で"ぐにぐに"と押す。

葉の部分を持って、力は入れずに上に引き抜く。下方向に引き抜くと、土が葉にかかってしまう。

指で根に触れてほぐし、軽く土をとる。これにより、根付きがよくなる。自然とダメになっている根もとれるので、土と一緒に除去してしまう。

CLOSE UP

根の量が多いものは分割する

セダム属など根の量が多い植物の場合は、根が細かくほぐすのが難しいので、土を落とさず手でアレンジに合わせて分割する。カップから出す作業は同じで、指でぐにぐにと押して上に引き抜く。

12 同様の処理で、全ての苗をカップから引き抜いて根をほぐす。

14 覆輪万年草を白牡丹の横に植える。こうしたすき間を埋める植物をグランドカバーといい、細かく分割して植える。

13 白牡丹を器の縁に植える。手で抑えながら、土を寄せて軽く固定する。

15 ゴールデンカーペットも同様に、グランドカバーで植える。狭いところに植える際にはピンセットを使うと良い。

16 中央にサルメントーサを植える。細い植物は、ピンセットで植え込むように。

> **ベンケイソウ科ロゼット系 アレンジ・組み合わせのポイント**
> ☑ ロゼット系は俯瞰で見ると円形であるため、植えるとスペースができてしまう。グランドカバーですき間を埋めると良い。
> ☑ 植える際には固定しすぎないように。

ベンケイソウ科ロゼット系

絡ませながらアレンジする

17 サルメントーサの隣に、小さく分割した若緑を植える。

18 要所で土を足し、アレンジに合わせる。

19 マキノイを器からこぼれるようなイメージで植える。

20 ある程度植えたところで、隣同士の苗を絡ませる。これには、植物が自然に成長したように表現する意図がある。行うことで、時間の立体感のあるアレンジになる。

21

22

植える前に、養老でゴールデンカーペットを挟む。あらかじめ挟むテクニックで、より自然に近いアレンジになる。

ベンケイソウ科ロゼット系 アレンジ・組み合わせのポイント

- ☑ グランドカバーの色合いの組み合わせによって、アレンジの表情が変わる。
- ☑ 背の高い植物を中央に植えて、ざっくりと丸い形に仕上げる。

PART 2

23 組み合わせた養老とゴールデンカーペットを、器の縁に植える。

26 残りのスペースに静夜を植え、グランドカバーで空いているところを埋める。

24 ドラゴンズブラッドを中央側に植え、サルメントーサなどと絡ませる。背の高い植物を中央に集めて、高さを出す。

27

28 棒を使って土を押し込み、ハケで器の縁の土を落とす。仕上げに植物を絡ませる。

25 養老の横にピーチプリデを植える。

ベンケイソウ科ロゼット系

ベンケイソウ科ロゼット系エケベリア属ずかん

ベンケイソウ科ロゼット系のメインとなるエケベリア属には、180を超える多くの種類があります。大きさや色も非常に多様で、数種類を並べる寄せ植えがおすすめです。茎がないことも特徴のひとつです。ときに害虫が発生するので注意しましょう。

【あ行】
- アフィニス………………… 38
- アフターグロウ…………… 29
- 青い渚（あおいなぎさ）… 40
- 秋宴（あきうたげ）……… 26
- イリア……………………… 35
- エメラルドリップ………… 38

【か行】
- 錦晃星（きんこうせい）… 31
- 銀明色（ぎんめいしょく）… 35
- グーチェ…………………… 38
- 群月花（ぐんげつか）…… 33
- 古紫（こむらさき）……… 34
- ゴールデングロウ………… 32

【さ行】
- サブセシリス……………… 33
- シャビアナ………………… 33
- 七福神（しちふくじん）… 26
- 霜の朝（しものあした）… 36
- 樹霜（じゅそう）………… 36
- 白牡丹（しろぼたん）…… 28
- スプルセオリバー………… 35
- スプレンダー……………… 28
- すみれ牡丹（すみれぼたん）… 27
- 静夜（せいや）…………… 29

【た行】
- 高砂の翁（たかさごのおきな）… 32
- 立田（たつた）…………… 39
- チワエンシス……………… 27
- デレッセーナ……………… 35
- デレンオリバー…………… 39
- ドンド……………………… 36

【な行】
- 野ばらの精（のばらのせい）… 27

【は行】
- ハムシー…………………… 31
- 薄氷（はくひょう）……… 29
- 花うらら（はなうらら）… 34
- 花月夜（はなげつや）…… 28
- バロンボルト……………… 34
- パウダーブルー…………… 31
- パープルキング…………… 38
- パールフォンニュルンベルグ… 32
- ピーコッキー……………… 30
- ピーコッキー・プリンセスパール… 30
- ピーチプリデ……………… 40
- ファンクイーン…………… 37
- フロスティー……………… 31
- プリンセスパール………… 37
- 紅日傘（べにひがさ）…… 26
- ボンビシナ………………… 30

【ま行】
　みどり牡丹（みどりぼたん）…… 37
　メビナ………………………… 34
　桃太郎（ももたろう）………… 27

【や行】
　大和美尼（やまとみに）……… 36
　大和錦（やまとにしき）……… 32
　養老（ようろう）……………… 26

【ら行】
　ラウイ………………………… 37
　リラシナ……………………… 30
　ルンヨニー…………………… 28
　レズリー……………………… 39
　ローラ………………………… 29

【わ行】
　和輝炎（わきえん）…………… 40

ベンケイソウ科エケベリア属を楽しむ

七福神
（しちふくじん）

葉がバラの花のように美しく重なり、一年を通してグリーンに色づく。日光が豊富なほど鮮やかになり、低気温の環境に弱い。

養老
（ようろう）

厚みのある緑の葉が、先端にかけてピンク色に染まる。花びらのようにいくつもの葉が広がり、子株ができやすい性質を持つ。

紅日傘
（べにひがさ）

やや厚く小ぶりな葉が、花のように重なり合う。茎立ちすることが特徴で、秋にかけて葉全体が鮮やかな赤色に染まる。

秋宴
（あきうたげ）

細長く平べったい葉が、時期によって白色やピンク色に色づき、さまざまな色合いを楽しめる。ブラッドブリアナとも呼ばれる。

PART 2

ベンケイソウ科ロゼット系

すみれ牡丹
（すみれぼたん）

葉の先端がすみれ色に染まり、春には花が咲く。個体によって葉の密度に差がある。ヴァイオレットクイーンとも呼ばれる。

野ばらの精
（のばらのせい）

厚みのある葉で、尖った先端が赤色に紅葉する。日光を豊富にすることで形をキープでき、特に冬場に強い特徴がある。

チワワエンシス

小ぶりで厚みのある葉が、重なり合って育つ。紅葉すると尖った先端から、葉を縁取るように鮮やかな赤色に染まる。

桃太郎
（ももたろう）

チワワエンシスとリンゼアナの交配種で、個体差が顕著。ふくらみのあるフォルムと、赤く染まる色合いをあわせ持つ。

ベンケイソウ科エケベリア属を楽しむ

白牡丹
（しろぼたん）

厚みのある葉がバラの花のように生える。色は白がかった緑で、先端がピンク色に染まる。春から夏に成長し、冬は休眠する。

ルンヨニー

白がかった葉を縁取るようなピンク色が鮮やかで、時期による色形の変化が少ない。白粉があり、日に当てるほど濃くなる。

スプレンダー

折り目のついた小ぶりで厚みのある葉が並び、秋には特徴的な形状の花が咲く。トップスプレンダーとも呼ばれる。

花月夜
（はなげつや）

葉は丸みがあり細長く、先端が尖っている。薄い緑色をしており、紅葉で葉先が赤色に染まる。日光を好み、白粉がある。

PART 2

ベンケイソウ科ロゼット系

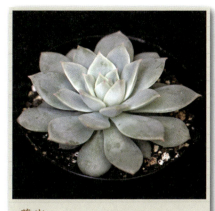

薄氷
（はくひょう）

寒さに強く、マイナス1〜2度まで耐えられる。冬は耐えるように身が締まる。春になると株脇から黄色い花を咲かせる。

アフターグロウ

鮮やかな赤紫が美しい白粉葉を持つ種。葉を縁取るように色づく。一年中、この色味を楽しめるのが特徴。

静夜
（せいや）

淡い色をした小さな葉が、いくつも重なり合って育つ。紅葉すると葉先が赤色に染まり、春にはオレンジ色の花が咲く。

ローラ

白がかった淡い色合いの、厚みのある葉が特徴。中心は、赤く染まった先端が内向きに育つ。高気温に弱く、夏場は注意。

ベンケイソウ科エケベリア属を楽しむ

リラシナ

やや平べったく丸みのある葉には白粉があり、重なり合いながら横に広がって育つ。紅葉によって、淡いピンク色に染まる。

ピーコッキー

白色で細長い葉が重なり合って育つ。白粉をおびており、夏には黄色の花を咲かせる。乾燥に強い。「養老」などの原種。

ピーコッキー・プリンセスパール

白粉を帯びた葉を持つ美しい品種。日照が不足すると白粉が少なくなるので注意。

ボンビシナ

セトーサとプルビナータの交配種。丸みのある小ぶりな葉の全体が、毛に覆われている。成長につれて、茎立ちする。

ベンケイソウ科ロゼット系

ハムシー

小ぶりで細長い葉は、全体に毛を帯びている。上向きに成長し、紅葉すると葉先から縁取るように赤色に染まる。

錦晃星
（きんこうせい）

細長く厚みがあり、毛を帯びている葉。緑色をしており、紅葉すると葉先が赤色に染まる。成長すると、茎立ちする。

フロスティー

小さくヘラのような形の葉は、毛を帯びており柔らかい感触。上向きに成長する特徴があり、茎立ちして分枝する。

パウダーブルー

青みがかった色の薄い葉の縁が、ピンク色に染まって徐々に濃くなっていく紅葉が魅力。比較的、増やしやすい種。

ベンケイソウ科エケベリア属を楽しむ

高砂の翁
（たかさごのおきな）

ヒダのような形がユニークな種。秋になると花を咲かせ、全体がきれいな赤色に紅葉する。

パールフォンニュルンベルグ

紫の葉が美しい種。春には全体的に赤みのある花を咲かせる。カイガラムシやワタ虫がつきやすいため、害虫対策が必要。

大和錦
（やまとにしき）

夏に花を咲かせ、赤みのあるつぼみのような形が可愛らしい種。葉姿が異なる種も多く流通している。

ゴールデングロウ

葉の縁がやや赤みがかっている種。春になると株脇から薄い赤みのある花を咲かせる。冬以外は害虫対策が必要。

群月花
（ぐんげつか）

脇目を出して群生するのが特徴。成長の速度はやや遅い。秋になると株が締まり、色付き始める。

シャビアナ

薄紫の葉が美しい種。全体的に大きく広がるように育つ。夏になると、葉と同じような色の紫色の花を咲かせる。

サブセシリス

交配種。深緑の葉に紫の縁が可愛らしい。冬でも適度な日光浴は必要になる。

ベンケイソウ科エケベリア属を楽しむ

古紫
（こむらさき）

先端が尖った平坦な葉が、赤みを帯びて黒色近くまで濃く染まる。中米原産の種で、アフィニスという名前でも呼ばれる。

メビナ

緑と薄ピンクのグラデーションの葉が美しい種。脇芽を出して群生する。春になると、黄色の花を咲かせる。

バロンボルト

交配種。葉に突起物が生じているのが特徴で、上に向かって伸びるように成長する。夏になると、鮮やかな赤色の花を咲かせる。

花うらら
（はなうらら）

緑の葉に赤色の縁が入っており、広がるように大きく育つ。春になると黄色い花を咲かせ、秋には葉先が紅葉する。

PART 2

ベンケイソウ科ロゼット系

イリア

脇芽を出して群生し、春には黄色い花を咲かせる。暑さと寒さには強いが、多湿期にはカビの発生に注意。

スプルセオリバー

緑色の葉に赤い縁が特徴で、上に向かって伸びるように育つ。春になると赤い花を咲かせ、秋には葉先が紅葉する。

デレッセーナ

白味を帯びた緑色の葉が特徴の種。同属の「こころ」と見た目が似ているが、こちらの方が葉の幅が広い。

銀明色
(ぎんめいしょく)

紫に白味かかった葉が美しい種。広がるように大きく育つ。春になると赤い花を咲かせ、秋には全体が紅葉する。

ベンケイソウ科エケベリア属を楽しむ

大和美尼
（やまとみに）

交配種。深緑の艶やかな葉が特徴。春には色とりどりの花を咲かせ、秋には紅葉する。丈夫で比較的育てやすい。

樹霜
（じゅそう）

柔らかな産毛に覆われた葉が特徴で、枝分かれしながら上に向かって育つ。春になると、オレンジ色の花を咲かせる。

ドンド

産毛に覆われた黄緑色の葉と、葉先のピンクの色合いがかわいらしい種。春になるとオレンジ色の花を咲かせる。

霜の朝
（しものあした）

白味を帯びた葉が特徴で、全体に広がるように育つ。株分けで増やし、成長速度は普通。

ファンクイーン

深みのある葉が印象的な種で、全体に広がるように育つ。春になるとオレンジ色の花を咲かせる。

プリンセスパール

赤紫の大きなヒダのような葉が特徴で、広がるように育つ。秋になると紅葉する。

みどり牡丹
（みどりぼたん）

厚みのある明るい緑色の葉がきれいな種。春になると薄いオレンジ色の花を咲かせる。暑さに弱いので夏は特に注意が必要。

ラウイ

白粉に覆われた白い葉が美しい種。丈夫で比較的暑さと寒さにも強いが、蒸れには弱いので風通しの良い場所で管理する。

ベンケイソウ科エケベリア属を楽しむ

パープルキング

名のとおり紫の葉がきれいな種。春になると黄色の花を咲かせる。暑さと夏季の蒸れに弱いので注意が必要。

アフィニス

全体的に黒っぽい葉を持つ、肉厚の大型品種。秋になると鮮やかな赤色の花を咲かせる。厚さと寒さには比較的強い。

エメラルドリップ

交配種。緑とオレンジの色合いがきれいな種。広がるように大きく育つ。春になるとオレンジ色の花が咲き、秋には紅葉する。

グーチェ

幅のある薄紫の葉が特徴で、広がるように大きく育つ。見た目はパールフォンニュルンベルグとよく似ている。

立田
（たった）

薄紫の葉が特徴で、春には黄色の花を咲かせる。暑さに弱く、夏の過湿で黒斑病になりやすいため風通しのよい場所に置く。

デレンオリバー

明るい緑色の葉が特徴で、上に向かって育つ。春になると株脇からオレンジ色の花を咲かせる。秋には紅葉する。

レズリー

赤みを帯びた肉厚の葉が特徴で、上に向かって育つ。秋になると、紫色に紅葉する。暑さと寒さには比較的強い。

ベンケイソウ科ロゼット系

ベンケイソウ科エケベリア属を楽しむ

ピーチプリデ

交配種。丸みを帯びた緑色の葉がかわいらしい種。上に向かって育つ。春になると赤い花を咲かせる。

青い渚
（あおいなぎさ）

肉厚の葉の表面に青い微毛が生えており、葉の裏が紫色に色づいているのが特徴。寒さには強いが、暑さにはやや弱い。

和輝炎
（わきえん）

ふわふわの微毛に覆われた葉が可愛らしい種。葉先は紫色。上に向かって育つ。紅輝炎とよく似ている。

エケベリア属の由来について

中央アメリカ・メキシコ、北アメリカ南西部、南アメリカをルーツとするエケベリア属。その名前の由来は、18世紀にメキシコの植物誌で挿絵を描くなどの活動をしていたボタニカルアーティスト（植物画家）の"アタナシオ・エチェベリア"といわれています。なお、直径3cmほどのものは"ミニマ"、直径40cmを超える大型のものは"ガンテア"と呼ばれます。

ベンケイソウ科ロゼット系
アエオニウム属・グラプトペタルム属・グラプトペリア属ずかん

ベンケイソウ科ロゼット系に分類されるアエオニウム属は冬に生育する植物で、葉の色が多様で鮮やかです。グラプトペタルム属は肉厚な葉が特徴で、茎立ちするものが多くあり、エケベリア属とグラプトペタルム属の交配種がグラプトペリア属です。

【あ行】
艶姿（あですがた）……………………………… 45
朧月（おぼろづき）……………………………… 46

【か行】
黒法師（くろほうし）…………………………… 44

【さ行】
サンバースト……………………………………… 44
秋麗（しゅうれい）……………………………… 46

【た行】
伊達法師（だてほうし）………………………… 44
デビー……………………………………………… 47

【は行】
バイネシー………………………………………… 47
姫秋麗（ひめしゅうれい）……………………… 46
姫明鏡（ひめめいきょう）……………………… 45
ブロンズ姫（ぶろんずひめ）…………………… 46

【ら行】
レモネード………………………………………… 44

【や行】
夕映え（ゆうばえ）……………………………… 45

43

ベンケイソウ科アエオニウム属を楽しむ

伊達法師
（だてほうし）

緑色の葉の中心と縁に褐色の線が入ったユニークな柄の種。上に向かって育つ。秋になると紅葉する。

黒法師
（くろほうし）

茎の先端に広がりのある葉をつける種。つやのある黒紫色の葉が美しい。日照が減る冬は葉が緑になり、春には黒紫になる。

サンバースト

緑とクリーム色の色味がきれいな葉を持ち、上に向かって育つ。少し擦れただけで葉が傷つくので扱いには注意。夏に休眠する。

レモネード

黄緑色と黄色の葉の色味が美しい種。成長速度はやや遅く、枝分かれしながら上に伸びていく。

艶姿
(あですがた)

太い枝の上部に葉をつけたユニークな種。上に伸びるように育つ。春には黄色の花を咲かせ、夏に休眠する。

姫明鏡
(ひめめいきょう)

密度の濃い葉を美しくつけ、脇芽を出して群生する。夏に休眠するので、梅雨明けから8月の終わりまでは断水する。

夕映え
(ゆうばえ)

緑色の葉に赤紫の縁が入っている。春になると白い花を咲かせる。暑さに弱いので夏の管理には注意が必要。

ベンケイソウ科ロゼット系

ベンケイソウ科グラプトペタルム属を楽しむ

ブロンズ姫
（ぶろんずひめ）

ブロンズ色の肉厚な葉がきれいな種。春になると黄色い花を咲かせる。冬には紅葉する。

秋麗
（しゅうれい）

薄紫の肉厚の葉を持ち、枝の上部に葉をつける。成長が早いので、挿し木・挿し芽で小ぶりに調整するとよい。

姫秋麗
（ひめしゅうれい）

薄ピンクの小ぶりで肉厚な葉が可愛らしい種。苔のように横に広がるように育つ。春になると、白い花を咲かせる。

朧月
（おぼろづき）

灰緑色の葉は白粉で覆われている。暑さと寒さにも比較的強い。春になると、白く赤い斑点の入った花を咲かせる。

ベンケイソウ科グラプトペリア属を楽しむ

PART 2

ベンケイソウ科ロゼット系

デビー

交配種。薄紫の肉厚の葉を持つ、全体に広がるように育つ。春になると、葉と似た紫の花を咲かせる。

バイネシー

肉厚の葉が広がるように大きく育つ。春になると、ピンク色の花を咲かせる。秋には紅葉する。

アエオニウム属の由来について

アエオニウム属はカナリア諸島や北アフリカなど、亜熱帯を中心に広く分布する直物です。名前は古代ギリシア語の"aionos（永遠に生きる・不死）"という言葉に、ちなんでいるといわれています。その由来から、「永遠」という花言葉がつけられています。

中央に水を
ためないように管理

　花のように葉が育つロゼット系は、中央に水がたまりやすいので注意しましょう。植物は基本的に、水が入りやすく貯水できる構造になっています。なかでも多肉植物は、水の少ない土地の植物なので特にその傾向が強くあります。しかし湿度の高い日本では水が蒸発しにくく、放置していると水がレンズの役割をして太陽光で焼けてしまうのです。

中央に水がたまっており、日光によって葉が焼けて痛む危険のある状態。

PART 2

ベンケイソウ科ロゼット系

たまった水を除去する

　雨が降ったあとなどは、葉の中央部分に水がたまっていないかチェックします。たまっていたら、水を除去しましょう。

　空気を放出するエアダスターを使ったり、空のスポイトで空気を噴射する方法があります。道具がなくても、息を吹きかけることでも除去できます。

　水をためないことでキレイに育てられます。美しさにこだわるなら、こまめなチェックを心がけましょう。

横からたっぷりと水をあげる

　水やりの際には、葉の中央にたまらないように、横の土の部分から水をあげましょう。

　これにより、葉に水をつけずに水やりができます。小さい器や多くの種類を寄せ植えしているアレンジでは、水差しを使うと良いでしょう。

　水の量は、鉢底穴から水が抜けるくらいたっぷりとあげましょう。

下の葉が
しなびてきても放置する

　ベンケイソウ科ロゼット系の植物は、中央から新芽が出て、外側が古い葉となります。そのため徐々に、外側の下の葉がしなびてきます。「枯れてしまったのでは？」と不安に思う人が多くいますが、これは自然なことなので気にせず育てましょう。しなびきって完全に水分を失ったら、茎からとれますのでそれまで放置します。

　また、白粉を葉に帯びる植物については、葉にさわりすぎないように注意しましょう。白粉は強い日差しから葉を守るために分泌されているものなので、さわることで粉が落ちると、その部分から傷んでしまうのです。植物が可愛い気持ちもわかりますが、葉にさわるのは最低限にしましょう。

PART3
ユリ科

ユリ科のアレンジのコツ

光にかざして見ると葉先が半透明で美しい

ユリ科は高さが低く、全体的に広がるように葉が育つ姿が可愛らしい品種です。もともと自生する環境は石影や砂漠などで、埋もれるようにして生息しています。また、日の当たりにくい暗所でも光合成できるように、葉先が半透明になっているのが特徴です。これを「窓」といい、光に透かしてみるととてもきれいです。アレンジでは、自生地のイメージを大切にしながら、植物を配置できるとよいでしょう。

PART 3

ユリ科

高低差を出しながら自生地の雰囲気を作る

　ユリ科のハオルチア属は、全体的に色味や形状が似ているものが多くあります。そのため、配置や色味を工夫しないと単調な仕上がりになってしまうので注意しましょう。

　アレンジのポイントは自生地に生えているような雰囲気を作れるよう、場所によって土の量を調節して高低差を出すことです。植物を選ぶ際は、鮮やかな緑色の葉を持つシンビフォルミスや雪の花だけではなく、ユニークな色柄のある十二の巻や白水晶などを加えると色彩の変化をつけられます。

ユリ科のアレンジ組み合わせ例

1. 雫石（ハオルチア属）
2. オブツーサ（ハオルチア属）
3. 萌（ハオルチア属）
4. 玉蟲（ハオルチア属）
5. シンビフォルミス（ハオルチア属）
6. 雪の花（ハオルチア属）
7. 白水晶（ハオルチア属）
8. レイトニー（ハオルチア属）
9. 十二の巻（ハオルチア属）

植物を引き抜いて土を払い落とす

1. ビニールのポットから白水晶を抜く。

4. 鉢底穴にネットを敷き、土を入れる。ハオルチア属の根は強く大きいため、土は根がしっかりと埋まるくらい多めに入れることがポイント。（ここでは器に対して約8割）

2.

3. 引き抜いたら、土をよく払い落とす。このとき、土と一緒に古い根も取り除いておく。同じ要領でほかの植物も行う。

5. 高さを出すため、中心だけ土が盛り上がるように多めに入れ、レイトニーを植える。

6. 根がしっかり隠れるように植える。

ユリ科

PART 3

寄り添わせて植える

7　次に白水晶をレイトニーの隣に植える。

8

9　レイトニーと同じくらいの高さになるよう、土を寄せていく。

10　白水晶を根もしっかり植えた状態。アレンジのなかで、レイトニーと白水晶は、高い位置に植えるよう意識することがポイント。

11　白水晶をもう一つ植える。一つ目と同じ高さになるよう、寄り添うように植える。

ユリ科のアレンジ 組み合わせのポイント

- ☑ 白水晶とレイトニーは高い位置に植えて、ほかの植物と高低差を出す。
- ☑ 色味が単調にならないよう、葉の色を考えながら植物を配置する。

14

器の角ぴったりに、シンビフォルミスを高さを出せるように入れる。

12

15

植物に高低差を出すことで、自生している雰囲気を作ることができる。

13

次に、玉蟲を白水晶よりも半分くらい低い位置になるように植える。

ユリ科

CLOSE UP
古い土と一緒に古い根も取り除く

植え替えやアレンジの際、ポットから苗を取り出すときは、根についた古い土と一緒に、長く伸び切った古い根も取り除いておく。そうすることで、新しい根に栄養を行き渡らせることができる。

高さを調節してアレンジ

もう一つレイトニーをやや低く埋め、次にオブツーサを低く植えるため、穴を開けるようにスペースを作る。

作ったスペースにオブツーサを植える。オブツーサは土に埋まるくらい低い位置に植える。

次に、十二の巻をレイトニーに寄り添うように、低く植える。

ピンセットを使い、十二の巻をもう一つ隣に植える。2つとも同じ高さになるように植える。

ユリ科のアレンジ
組み合わせのポイント

- ☑ 高低差を出すため、オブツーサや萌は土に埋めるように植える。
- ☑ 透明感のない十二の巻を入れて、全体的な色のコントラストに変化をつける。

萌の隣に、雪の花を入れる。高さは萌と同じくらいを意識して植える。

位置が決まったら、指で土を押すように根をしっかり埋める。

最後に雫石を沈めるように植え、アレンジの完成。

角際に萌を半分土に埋まるくらい、低く植える。

CLOSE UP
自生地を連想させる器を選ぶ

ユリ科のハオルチア属は、主にゴツゴツとした石影などに自生している。そのため、自生地をイメージさせるようなアレンジにしたいときは、器も石でできた低いものを選ぶと、よりリアリティのある仕上がりにできる。

ユリ科ハオルチア属ずかん

ユリ科のハオルチア属は、葉を広げて育つのが特徴です。自生地はゴツゴツとした石影など、あまり日の当たらない場所になります。品種により多少の違いはありますが、手のひらサイズのものが多く、見た目や小ぶりなサイズ感が可愛らしいです。

【あ行】
　オブツーサ……………………………………62

【さ行】
　雫石（しずくいし）……………………………63
　十二の巻（じゅうのまき）……………………63
　白水晶（しろすいしょう）……………………63
　シンビフォルミス………………………………62

【た行】
　玉蟲（たまむし）………………………………63

【は行】
　ピリフェラ錦（ぴりふぇらにしき）…………62

【ま行】
　萌（もえ）………………………………………63

【や行】
　雪の花（ゆきのはな）…………………………63

【ら行】
　レイトニー………………………………………62

ユリ科ハオルチア属を楽しむ

オブツーサ

ぶくぶくとした肉厚の葉が、花びらのように生えてくる可愛らしい種。乾燥すると瑞々しさがなくなるが、水のやりすぎには注意。

ピリフェラ錦
（ぴりふぇらにしき）

斑入りの透明感のある緑の葉が特徴で、葉が広がるように長く伸びるのが特徴。日光不足で徒長してしまうので注意が必要。

シンビフォルミス

やや平たく大きな葉が特徴で、脇芽を出して群生する。春になると、薄ピンクの花を咲かせる。暑さには弱い。

レイトニー

黒紫の葉が特徴の種。日光不足による徒長に注意。

PART 3

ユリ科

玉蟲
（たまむし）

ぷっくりと透き通った深緑の葉が可愛らしい種。室内の明るい日陰でも育成できる。

雪の花
（ゆきのはな）

交配種。半透明で肉厚の葉が重なるのが特徴で、可愛らしい種。株脇から花芽を伸ばし、花を咲かせる。

雫石
（しずくいし）

葉先は半透明で、ぷっくりと丸い葉が可愛らしい種。暗い場所でも育成可能だが、適度な日光は必要。

白水晶
（しろすいしょう）

透明感のある緑色に、白い粉を帯びた葉が特徴。株脇から花芽を伸ばし、白い花を咲かせる。

十二の巻
（じゅうにのまき）

赤緑の濃い葉に白い斑点が特徴。全体に大きく広がるように育つ。直射日光に弱い。

萌
（もえ）

鮮やかな黄緑色の半透明の葉は、やや肉厚で先端が尖っている。夏の日光によって、葉が焼けることがあるので注意。

植え替えのときに
古い根を取り除いておく

植物を植え替えるときは、古い土と一緒に古い根も一緒に取り除くことが大切です。これを「根の剪定」といいます。特に、ユリ科の植物は根が強く大きく成長するため、植え替え時にしっかり剪定しておきましょう。

植え替え時には、根の剪定を行うことがすくすく育つポイント。ここでは十二の巻を扱う。

ポットから出したら土を払い落とし、固まった根をほぐして古い根にハサミを入れる。

短い新しい根に長さを合わせて、剪定する。剪定が終わったら、根の切り口が乾くまで待つ。切ってすぐ土に植えると水分多過でカビが生えてしまう。

根の切り口が乾いたら、植え替え用のポットを用意して入れる。植物を押さえながら、器に土を入れる。

根がしっかり埋まるところまで、たっぷり土を入れる。

棒を使って、根と根の間まで隙間なく土を入れる。

ポットを軽く叩くことでも、振動により土を隙間なく入れられる。これで植え替えが完了。

自生地の環境に近い半日陰で管理する

暗所での管理はNG

　ハオルチア属はもともと日陰の多い場所で半分埋もれて生息しているため、少ない日光でも光合成ができるという特徴があります。具体的には、葉の先にある"窓"という半透明な部分に光を集め、葉の内側に葉緑素を生み出す仕組みになっています。そのため、家庭で育てるとき場合も、自生地に近い環境、つまり半日陰で管理してあげることが最も適しているといえます。

　しかし、全く日の当たらない暗所においてしまうと、光合成ができなくなってしまいます。また、直射日光に長時間当て続けると葉焼けしてしまうので、注意しましょう。

PART4
サボテン科

サボテン科のアレンジのコツ

ユニークで可愛らしいトゲや花の形を合わせる

サボテンというと表面が硬い棘に覆われ、ゴツゴツとしたフォルムの植物をイメージするかもしれません。しかし、実際は可愛らしい色や形の花を咲かせたり、棘座（しき）と呼ばれる棘を支える短枝の形がユニークなものがあります。サボテン科のアレンジでは、まず仕上がりのイメージ・世界観を考えることが大切です。イメージが固まったら、植物の色や樹形を考えて配置していきましょう。

サボテン科

アレンジのイメージに合った丈夫で扱いやすい植物を選ぶ

　サボテン科の植物は品種によって色味やトゲの形状、大きさなどがバラエティ豊かであることが特徴です。アレンジでは、まずシンボルツリー（主役）になる仙人閣のような大きな植物を選びます。次にその植物に引き立てられるような小ぶりな植物を選ぶことがポイントです。

　さらに、緋牡丹のような赤い斑入りの植物も加えるとアクセントをつけられます。アレンジで使う植物は丈夫で扱いが簡単なもの、管理方法が同じものを選ぶとアレンジをした後の管理が楽になります。

サボテン科のアレンジ組み合わせ例

1. 老楽（エスポストア属）
2. 金手毬（マミラリア属）
3. 仙人閣（ミルチロカクタス属）
4. 緋牡丹（ギムノカリキウム属）
5. ペンタカンサ（ギムノカリキウム属）
6. 白桃扇（オプンチア属）
7. 吹雪柱（クレイストカクタス属）
8. 紅小町（ノトカクタス属）

ネットとゼオライトを器に入れる

PART 4

1. アレンジに使う植物の数や、イメージに合った器を選んで用意する。サボテンの寄せ植えには通気性がよく、根が育ちやすい素焼きの鉢がおすすめ。

4. ネットを2枚敷いたら、ゼオライトを準備する。ゼオライトには雑菌の繁殖を防ぎ、根腐れを防止する役割がある。

サボテン科

2.

3. ネットは鉢底穴が隠れるサイズにカットし、鉢底穴を覆うように敷く。ネットは2枚入れておくと土が落ちなくてよい。

5. ネットがずれないように押さえながら、少量のゼオライトを入れる。ゼオライトは器全体に広げておく。

サボテン科アレンジ 組み合わせのポイント

☑ 素焼きの鉢は通気性がよく根が育ちやすいため、寄せ植えに適している。

アレンジの主役を最初に植える

6 ゼオライトの上から培養土を入れる。培養土には肥料的な栄養素が含まれている。

9 手袋を装着し、アレンジの主役になる仙人閣から植える。

7

10 培養土を追加して、倒れないようにする。素手で触れても痛くない場合は、手袋を外しながら行ってもよい。

8 ネットがずれないよう、指先で押さえながら培養土を入れていく。培養土は器の半分くらいまで入れると、植物を安定して植えられる。

11 次に金手毬を仙人閣の隣に植える。アレンジのなかで背景になるようなイメージで奥側に配置する。

PART 4

サボテン科

赤の斑がきれいな緋牡丹は、アレンジのアクセントになるよう器の中心に植える。

吹雪柱を植えたら、次は隙間を埋めるように老楽を植えていく。

老楽の反対側に、紅小町を植える。

手前にペンタカンサ、バニーカクタスを植える。

緋牡丹の隣に吹雪柱を2本植える。サイズが小さめな植物は、ピンセットを使うと植えやすい。

サボテン科アレンジ 組み合わせのポイント

☑ 仙人閣をシンボルツリー(主役)としながら、ほかの植物を植えていく。
☑ 緋牡丹のような色味のある植物を組み合わせると、アレンジのアクセントになる。

仕上げに化粧土で装飾

全ての植物を植え終わったら、長箸を使って整える。

植物の位置を整えたら、バークで隙間を埋めるように装飾していく。全体的なバランスを見ながら、植物を引き立てるように加える。

アレンジの仕上げとして、装飾用の化粧土（赤玉土）を用意する。赤玉土には排水性の効果もあるが、ここでは装飾性を優先して使う。

培養土を隠すように、端からムラなく化粧土を被せていく。見た目が黒い培養土をむき出しにしておくよりも、アレンジ全体の印象が明るくなる。

サボテン科アレンジ組み合わせのポイント

- ✓ 化粧土を培養土の上からかけて、アレンジ全体の印象を明るくする。
- ✓ 正面から見て後ろには背の高い植物、手前には低い植物を植えて立体感を出す。

PART 4

サボテン科

最後に掃除用の筆で、植物にかかった土埃を払ってきれいにする。

植物と植物の隙間に入れたいときは、ピンセットや長箸を使って植物を少し動かすとよい。このとき、植物の位置を崩さないように注意する。

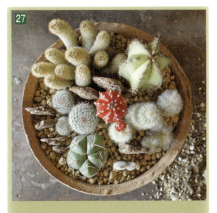

大きな仙人閣を主役にして、後ろに背の高い植物、手前に低い植物を植えて、立体感のあるアレンジに仕上げた。

CLOSE UP
バークチップを加えて
アレンジを装飾する

松の樹皮を加工して作られるバークチップは、アレンジに加えるとよりおしゃれな仕上がりになる。植物と植物の間に隙間ができてしまった場合は、バークチップで埋めるとアレンジが立体的になる。

サボテン科ずかん

【あ行】
- アロンソイ……………………87
- 赤烏帽子（あかえぼし）…………85
- 明石丸（あかしまる）……………86
- 明日香姫（あすかひめ）…………79
- 烏羽玉（うばだま）………………89
- 大型宝剣（おおがたほうけん）…85
- 恩塚鸞鳳玉（おんづからんぽうぎょく）……81

【か行】
- かぐや姫（かぐやひめ）…………87
- 兜丸（かぶとまる）………………81
- ガラパゴス団扇（白棘）
 （がらばごすうちわ（しろとげ））……84
- ガラパゴス団扇（金棘）
 （がらばごすうちわ（きんとげ））……85
- 亀甲団扇（きっこううちわ）………84
- 金洋丸（きんようまる）…………78
- 光淋玉（こうりんぎょく）…………83
- 黄金丸（こがねまる）……………79

【さ行】
- 三角鸞鳳玉
 （さんかくらんぽうぎょく）………80
- 翠冠玉（すいかんぎょく）………89
- 翠晃冠錦（すいこうかんにしき）…82

【た行】
- 高砂（たかさご）…………………79
- 短棘金鯱（たんしきんしゃち）…90
- 大仏殿（だいぶつでん）…………86
- 月世界（つきせかい）……………87
- 鶴の子丸（つるのこまる）………78
- 天王丸（てんのうまる）…………82

【は行】
- 白雲閣（はくうんかく）…………89
- 白鳥（はくちょう）………………78
- 白桃扇（はくとうせん）…………84
- バラ丸（ばらまる）………………87
- 緋花玉（ひかだま）………………82
- 緋牡丹（ひぼたん）………………83
- 美花角（びかかく）………………86
- フォルシオール……………………83
- 複隆青般若
 （ふくりゅうあおはんにゃ）………81
- 武倫柱（ぶりんちゅう）…………89
- 碧瑠璃鸞鳳玉
 （へきるりらんぼうぎょく）………80
- 碧瑠璃鸞鳳玉錦
 （へきるりらんぼうぎょくにしき）…80
- 弁慶（べんけい）…………………90

【ま行】
- マタンザナス……………………88
- 松笠団扇（まつかさうちわ）……88
- 武蔵野（むさしの）………………88
- 紫太陽（むらさきたいよう）……86
- メロカクタス SP (species)
 （めろかくたす すぴーしーず）……88

サボテン科はとても多くの種類が存在しています。サボテン科の特徴ともいえる棘は、ツンツンと尖ったものだけではなく、ヒトデに似たものやカギ針状のものなど、形状はさまざまですので、お気に入りを探し出す楽しさがあります。

サボテン科マミラリア属を楽しむ

鶴の子丸
（つるのこまる）

マミラリア属の中では成長が早い方で、子株も吹き群生する姿が魅力的。たくさんの小さな花を花冠のように咲かせる。花色はピンク色。

白鳥
（はくちょう）

密度の濃い棘が白色を見せる美しい品種。丸型に育ち、成長させると子株を吹き群生する。花色はピンク色。

金洋丸
（きんようまる）

鮮やかな緑色の肌や、イボの姿をよく鑑賞できる品種。金色の棘やイボの間の白い毛も特徴的。花色は黄色。

PART 4

サボテン科

黄金丸
（こがねまる）

円筒形の株に金色の棘が生えている。成長すると、サンゴのようなフォルムに群生する。花色はピンク色。

明日香姫
（あすかひめ）

栽培品種で別名スノーキャップと呼ばれる。スプレーで棘の色が着色されているものもある。花色はクリーム色。

高砂
（たかさご）

ふわふわとした毛の間から、カギ針状の刺が生えている。手で触れると刺さるので注意する。花色はピンク色とクリーム色。

サボテン科アストロフィツム属を楽しむ

碧瑠璃鸞鳳玉
（へきるりらんぽうぎょく）

株を守るトゲがないため、夏の日差しに弱い。株の中心から、クリーム色の透明な花を咲かせる。

碧瑠璃鸞鳳玉錦
（へきるりらんぽうぎょくにしき）

碧瑠璃鸞鳳玉の突然変異種。斑の部分は葉緑素が抜けているため、性質が弱い。「錦」は斑入りであることを意味する。

三角鸞鳳玉
（さんかくらんぽうぎょく）

株全体が細かな白い斑点で覆われている。稜と呼ばれる突起物が3つまとまった形が、三角形に見えることから名づけられた。

PART 4

サボテン科

複隆青般若
（ふくりゅうあおはんにゃ）
突然変異により肌に凹凸ができたもの。この凹凸を複隆という。複隆の出方は、個体で異なる。

兜丸
（かぶとまる）
トゲはないが丸い形をしたふわふわの刺座がある。株の肌に白星のような模様があり、はっきりと模様が見えるものほど高価。

恩塚鸞鳳玉
（おんづからんぽうぎょく）
園芸家である恩塚氏による品種改良種。株の肌の星がより白く改良されたため、星が白く密なのが特徴。

サボテン科ギムノカリキウム属を楽しむ

翠晃冠錦
（すいこうかんにしき）

バリエガータ（斑入り）の種。突然変異で色素が抜けた部分は赤、橙、黄などバラエティ豊か。斑を好むコレクターも多い。

緋花玉
（ひかだま）

深緑の株から、緋色の大きな花が咲くのが特徴。春季は長く花を咲かせ、開花中にたくさんのつぼみをつける。

天王丸
（てんのうまる）

海王丸の変種。ぷっくりとした色味の濃い稜に、ヒトデのような棘がある。海王丸よりも稜の色が濃く、膨らみも大きいため、より鑑賞性の高い品種とされている。

PART 4

光淋玉
（こうりんぎょく）

黒紫の肌から、金色の長く美しい棘がうねるように生えている。トゲは株の大きさに合わせて成長する。

サボテン科

緋牡丹
（ひぼたん）

クロロフィル（葉緑素）のない変異種に、接木を施した園芸品種。上の赤い部分は緋牡丹玉で、赤い部分は花ではなく赤い斑。

フォルシオール

強健で色味のある棘が非常に格好良い種。日光によく当てることで、棘が太くしっかりと育つ。

サボテン科オプンチア属を楽しむ

白桃扇
（はくとうせん）

平たい子株が上に向かって育つ。この様子がうさぎの耳のように見えることから、別名バニーカクタスと呼ばれる。個体により、子株の出方は異なる。

亀甲団扇
（きっこううちわ）

肌に亀甲模様が入る、独特な風貌が特徴。日光によく当てると、はっきりと亀甲模様が出る。

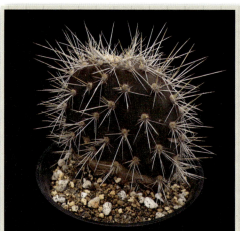

ガラパゴス団扇（白棘）
（がらぱごすうちわ　しろとげ）

原産国はガラパゴス諸島。成長が遅く、年間で一節増える程度。黒紫の肌が美しく、強健な白トゲが密集している。

ガラパゴス団扇（金棘）
（がらぱごすうちわ きんとげ）

白棘の種とは生息する島が異なる。生き物からの食害を避けるため、背を高くするように成長すると考えられている。

サボテン科

赤烏帽子
（あかえぼし）

棘座には赤く細かい棘が生えている。可愛らしい見た目だが、触ると非常に痛いため取り扱いには注意が必要。

大型宝剣
（おおがたほうけん）

通称、龍華寺団扇。300年ほど前に静岡県の龍華寺に渡来した種で、日本最古のサボテンとの説がある。食用にもなる。

サボテン科エキノケレウス属を楽しむ

紫太陽
（むらさきたいよう）

紫の棘が株を覆い、日光に当てると発色がよくなる。成長はゆっくりで、花はピンクの大輪となる。紫にならない品種は太陽。

大仏殿
（だいぶつでん）

濃い緑の株で、金色に近いトゲは少なく細い。株の中心から黄色の花が咲き、株よりも大きく開花するのが特徴。

明石丸
（あかしまる）

稜が細かく分かれていて見た目も可愛らしい品種。肌に沿うように、トゲがヒトデ形に広がっている。花はピンクの大輪。

美花角
（びかかく）

冬は成長を休むため胴体が黒紫がかって縮むが、春には元気になり、色も緑色になる。花は濃いピンクの大輪。

🌿 サボテン科エピデランサ属を楽しむ

PART 4

月世界
（つきせかい）

短円筒形の株にピンク色の花を咲かせる棘が、細かく巻状になっているのが特徴。上部は平たく、触ると軟らかい。

かぐや姫
（かぐやひめ）

成長前の小さい時は月世界と似ているが、大きくなると細かい棘をツンツンと延ばす。親株から子株が群生する。

🌿 サボテン科ツルビニカルプス属を楽しむ

バラ丸
（ばらまる）

繊細な羽毛状の白棘が体全体を包んでいる。花色は紫紅色。

アロンソイ

成長は遅いが、ツルビニカルプス属のなかでは最も大きく育つ種。

サボテン科

サボテン科メロカクタス属を楽しむ

マタンザナス

球形に育つ種。メロカクタス属は種からしか育たず、花座を発生させるまでは相当な年数を要する。長く強健な棘が特徴。

メロカクタス SP（species）
（めろかくたす すぴーしーず）

交配種。開花年齢を迎え、花座が立派に育った株。毎年たくさんの花を咲かせるので、見た目も楽しい種。

サボテン科テフロカクタス属を楽しむ

武蔵野
（むさしの）

長い棘は和紙のような質感で柔らかい。球体の体は灰色にシルバーかかった色味。成長は遅く、あまり普及していないため珍品。

松笠団扇
（まつかさうちわ）

武蔵野の変種。棘はほとんど出ないが、まれに生えることもある。

サボテン科ロフォフォラ属を楽しむ

PART 4

サボテン科

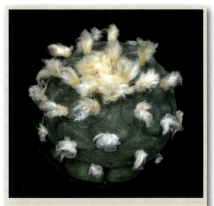

翠冠玉
（すいかんぎょく）

烏羽玉に比べて大きく育ちやすく、子株を吹き群生する。個体によって、棘座の毛の多少が異なる。

烏羽玉
（うばだま）

翠冠玉に比べて成長が遅く、潰れたような形をしている。冬は水を吸わないので、水やりの頻度は控えめにする。

サボテン科パキケレウス属を楽しむ

白雲閣
（はくうんかく）

稜に雲のような棘座の白と、肌の深緑のコントラストが美しい種。カイガラムシがつきやすいので、風通しの良い場所に置く。

武倫柱
（ぶりんちゅう）

自生地では、高さ10m以上にもなる巨大種。冬でも暖かい場所で管理すれば、よく育つ。

サボテン科エキノカクタス属を楽しむ

短棘金鯱
（たんしきんしゃち）

棘が短くてかっこいい金鯱。成長はゆっくりで、植物園などでもよく見られるが、大きい株は何十年も経過したものになる。

弁慶
（べんけい）

紫色の化粧のような模様が浮かぶ。日光に当てて、季節の温度の変化を感じさせるとはっきりと色づく。

サボテン科の属性の由来について

サボテン科には多くの属性があり、その名の由来も興味深いものばかりです。例えば、マミラリア属（Mammillaria）のMamはラテン語でお母さんを意味し、イボ状に突起した棘座や白い樹液を持ち、それらが母乳を連想させることから名付けられました。また、アストロフィツム属（Astrophytum）は、肌の小さな白い模様が星に例えられ、その姿が宇宙をイメージさせることに由来しています。

アレンジに使用した植物について

※緋牡丹は P83、白桃扇は P84 参照。

老楽（おいらく）
長くふわふわの白毛に覆われている柱型のサボテン。毛の質感や白色がアレンジを際立たせてくれる。触ると棘が痛いので注意。

金手毬（きんてまり）
株がうねうねと多方向に育つ。金色の棘が美しく、丈夫で良く育ち群生になるので寄せ植えでは名脇役となる。

仙人閣（せんにんかく）
つるつるとした綺麗な緑色の肌をしている。稜に沿って均等に生える金色の棘は可愛いが、扱うときは注意が必要。

ペンタカンサ
棘が少なく、ぷっくりと丸いフォルムの玉サボテン。基本は5稜だが、4稜のものもある。アレンジに使用すると可愛らしい仕上がりになる。

吹雪柱（ふぶきちゅう）
縦長に成長する柱サボテン。細長い株には細かな棘が密集している。アレンジでは高低差のあるものを選び、群生に仕立てて植えるテクニックがある。

紅小町（べにこまち）
深緑の肌に密集した白い棘があり、黄色く透明感のある花を咲かせる。小さい株でも開花するため、アレンジに入れると季節の楽しみを演出してくれる。

軍手をしてサボテンを安全に取り扱う

　サボテン科の植物には、鋭く強健な棘が生えている種類が多数あります。別のポットへの植え替えやアレンジに使いたいときには、購入時のポットから苗を取り出すことになるので、慣れないうちは軍手をして取り扱うと安全に作業できます。

まずは、土をほぐすようにポットを押す。
ここではワラシーを扱う。

PART 4

サボテン科

1
土をほぐしたら、根に向かって刺すようにピンセットを深く差し込む。

4
棘の部分を掴む場合は、軍手を装着する。ワラシーの棘は比較的柔らかいが、硬い棘の場合は、触ると痛みを感じるので注意する。

2
そのまま植物をポットから引っこ抜く。

5
茶色くなり、細くシワシワに弱った古い根は取り除く。

3
ピンセットで根をつかみながら、土を優しくほぐしていく。

6
土をほぐすようにしっかり落としたら、後は別のポットに入れ変えたり、アレンジに加えたりする。

水は株ではなく
土にしっかりあげる

碧瑠璃鸞鳳玉　　　　　　　　　　水やりNG

　サボテン科の水やりのポイントは、必ず土にしっかりとかけてあげることです。株にかけてしまうと、棘や棘座が密集しているものは蒸れて腐ってしまうので注意しましょう。

　一度にあげる水の量は、鉢底穴から流れ出るくらいが目安になります。水やりの頻度は、「土が完全に乾いたらたっぷりあげる」ということを意識しておくことが大切です。育成環境によっても異なりますが、春と秋は月2回、夏と冬は月1回程度を目安にするとよいでしょう。

　また、サボテン科は日光を好む植物でもありますので、日あたりがよく風通しの良い場所に置くと、元気よく成長してくれます。ただし、夏の直射日光には当てないよう注意しましょう。

PART5
キク科

キク科のアレンジのコツ
個性的な形を活かしてオリジナリティを出す

キク科は茎が上に向かって育ったり、垂れ下がるように伸びるものなど、さまざまなタイプを楽しむことができます。なかでも、グリーンピースのような丸い葉をつけ下に伸びていくグリーンネックレスなどは、人気の高い品種です。アレンジでは、垂れ下がるタイプの植物の配置を工夫するとオリジナリティが出せます。

PART 5

キク科

垂れ下がる植物の変化を楽しめるようにする

　キク科は垂れ下がるように伸びるタイプや、上に向かって育つタイプなど、さまざまな形状の植物があります。アレンジではグリーンネックレス、ルビーネックレス、三日月ネックレスなどの垂れ下がるタイプの植物を選ぶことがポイントです。

　これらの植物は数年後、さらに長く伸びているため、「変化するアレンジ」として楽しむことができます。そのほか、マサイの矢尻など上に向かって育つ植物で全体的なバランスをとり、彩りに胡蝶の舞などを加えると華やかな仕上がりになります。

キク科のアレンジ組み合わせ例

1. 白銀の舞（ベンケイソウ科）
2. サルメントーサ（ベンケイソウ科）
3. 胡蝶の舞（ベンケイソウ科）
4. マサイの矢尻（セネシオ属）
5. 万宝（セネシオ属）
6. ルビーネックレス（セネシオ属）
7. 三日月ネックレス（セネシオ属）
8. グリーンネックレス（セネシオ属）
9. 銀月（セネシオ属）

※本アレンジにはベンケイソウ科の植物も含まれています。

深さのある器に石を敷く

PART 5

キク科

1

垂れ下がるように育つ植物を入れるため、深さのある器を用意する。

2

3

ネットをカットして、鉢底穴に被せる。

4

5

鉢底石を敷く。植物の根の大きさに合わせて、石の量を調整する。

垂れ下がる形を使ってアレンジする

6. キク科のアレンジ専用にブレンドした土を、鉢底石が隠れるくらい多めに入れる。

7. 三日月ネックレスを植える。垂れ下がるタイプのため、器の壁面に沿うように入れる。

8. 根がしっかり埋まるように、土を追加する。

9. 三日月ネックレスを植えたら、次に植える植物のスペースを作る。

10.

11. ルビーネックレスを植える。水を好む植物のため、土の中に深く植えることがポイント。植えたら、ピンセットで形を整える。

キク科アレンジ 組み合わせのポイント

- ☑ 垂れ下がるように育つ植物は、器の壁面に沿わせるように植える。
- ☑ 銀月、胡蝶の舞、サルメントーサを植えてアレンジに彩りを加える。

銀月を器の中心に植える。

彩りを加えるようなイメージで、胡蝶の舞をマサイの矢尻の間に入れる。

マサイの矢尻を、器の中心に植える。大きな植物のため、なかなか安定しないという場合は土を追加してもよい。矢尻型の葉がユニークなマサイの矢尻は、アレンジの主役にぴったりな植物。

サルメントーサを入れることで、白、赤、黄色の色味が加わり、華やかになる。土を追加して、植えてきた植物を安定させる。

器にボリューム感を演出する

グリーンネックレスは垂れ下がるタイプのため、器の壁面に沿わせるように植える。

ルビーネックレスを追加して、壁際にボリューム感を出す。

キク科アレンジ 組み合わせのポイント

- ☑ 垂れ下がるように育つ植物を器の壁面に追加して、ボリューム感を出す。
- ☑ 全体のバランスを見て、隙間が気になる場所には植物を追加していく。

ここまで植えてきた植物を土と一緒に横に押し、次に植える植物のスペースを確保する。配置が崩れてしまわないよう、注意しながら押すことがポイント。

白銀の舞を植え、マサイの矢尻を追加する。土を追加して安定させる。

24 棒を使って、土を根と根の間まで行き渡らせるようにする。

26 ルビーネックレスを周囲に追加する。隙間が気になる場合は、雅楽の舞を加えてもよい。

25 万宝を、マサイの矢尻とグリーンネックレスの隙間に植える。

27 最後に器についた土埃を、筆できれいに払い落としたらアレンジの完成。

CLOSE UP

保水性のある土を
ブレンドして使う

キク科の植物は育成に水を多く必要とする。そのため、ピートモスという保水性のある土をブレンドした土を使うとよい。このアレンジでは、赤玉、くん炭、ゼオライト、川砂（砂）に、ピートモスをブレンドした土を使用している。

キク科

PART 5

キク科はつる状のもの、葉や茎が毛に覆われているものなど、さまざまなタイプの植物があります。また、葉の形も丸型、三日月型、矢尻型など個性豊かです。キク科はほかの多肉植物よりも水を好む性質があるので、水やりのタイミングに注意しましょう。

キク科・メセン科・スベリヒユ科ずかん

【か行】
　雅楽の舞（ががくのまい）……………… 108
　銀月（ぎんげつ）………………………… 108
　グリーンネックレス……………………… 106

【さ行】
　桜竜（さくらりゅう）…………………… 108

【は行】
　姫神刀（ひめじんとう）………………… 107
　ピーチネックレス………………………… 106

【ま行】
　マサイの矢尻（まさいのやじり）……… 106
　万宝（まんぽう）………………………… 107
　三日月ネックレス（みかづきねっくれす）……… 107
　美空の鉾（みそらのほこ）……………… 107

【ら行】
　ルビーネックレス………………………… 106

キク科セネシオ属を楽しむ

グリーンネックレス

茎が垂れるように伸び、緑色の丸い葉をつける。秋から冬にかけて白い花を咲かせる。屋外で管理するとよく育つ。

マサイの矢尻
（まさいのやじり）

矢型のようなユニークな葉を持ち、上に向かって育つ。夏に黄色の花を咲かせる。暑さに弱いので夏は管理に注意。

ピーチネックレス

茎が垂れ下がるように育ち、茎に桃の形に似た葉をつけるのが特徴。春になると白い花を咲かせる。

ルビーネックレス

茎が垂れるように育ち、茎に紫色の丸みのある葉をつける。春と秋に黄色の花を咲かせ、秋は全体が紫色に紅葉する。

三日月ネックレス
（みかづきねっくれす）

茎が下に垂れるように育つ。春になると、白い花を咲かせる。暑さに弱いため夏の管理には注意する。

姫神刀
（ひめじんとう）

白味のある肉厚の葉を、重ねるようにして育つ。夏になると赤い小さな花をたくさん咲かせる。冬は休眠する。

美空の鉾
（みそらのほこ）

細長い葉が上に向かって育つ。1m以上になる大型種。春になると白い花を咲かせる。暑さに弱い。

万宝
（まんぽう）

細長い葉が上に向かって育つ。秋になると緑と紫の花びらが混ざったような花を咲かせる。暑さに弱い。

銀月
（ぎんげつ）

肉厚で細長い葉は、真っ白で美しい。感触もふわふわと柔らかい。上に向かって育ち、水を好む種。

🌱 メセン科スミクロスティグマ属　　🌱 スベリヒユ科ポーチュラカリア属

桜竜
（さくらりゅう）

深緑の茎が枝分かれして、上に向かって育つ。つんつんとした形の葉が可愛らしい。暑さと寒さには比較的強い。

雅楽の舞
（ががくのまい）

薄く丸みのある葉が重なるように、上に向かって育つ。秋になると葉先が紅葉する。寒さに弱い。

キク科の属性の由来について

キク科のなかでも、世界中に数千種類もの植物が存在しているのがセネシオ属です。セネシオ属(senecio)という名称は、ラテン語で「老人」を意味する「senex（セネクス）」という言葉が由来になっています。実際にセネシオ属の植物を観察してみると、白やグレーの冠毛が生えていることが分かり、この姿が老人の姿をイメージさせることに由来しています。

土が完全に乾いたら
すぐに水をあげる

多肉植物の水やりは土が乾いてから1〜2週間後になりますが、キク科は水を好む性質のため、土が乾いたらすぐに水をあげましょう。蒸れに弱いので必ず風通しのよい場所で管理し、水のあげすぎにも注意が必要です。

風通しのよい屋外で、元気に育つルビーネックレス。水を好むため雨ざらしでもよいが、降水量の多い梅雨時期は軒下に避難させる。

土の乾き具合をチェックする

1 水やりは必ず土が完全に乾いてから行うことが重要。土の乾き具合を簡単にチェックできるアイテムとして、木の棒を用意する。

2 木の棒を適当な深さまで土に差し込む。差し込むときは、植物に当たってしまわないように注意する。

3 抜いて確認すると、棒にほとんど土が付着していない。これは土が中まで乾いている証拠なので、水やりをしてよいということになる。

4 水やりをしたら1週間後にチェックして、土が濡れている場合はさらに風通しのよい場所に移動させる。

キク科

保水性の高い土を
ブレンドして使う

右が水はけのよい一般的な多肉植物用の土。左がピートモスや腐葉土を混ぜた保水性の高い土。

　水を好むキク科の植物を育てるときは、多肉植物の育成で使う一般的な土に、ピートモスという保水性のある土をブレンドして使うことがポイントです。ピートモスを加えていない土で育てると水はけがよくなりすぎてしまうので、すぐにカラカラに乾燥してしまいます。かといって、ピートモスが多すぎると土が蒸れてカビが発生してしまいます。

　初めは難しく感じるかもしれませんが、育てていくなかで植物にとってちょうどよい配合を見つけられるようになるとよいでしょう。

PART6
ベンケイソウ科

ベンケイソウ科のアレンジのコツ
自然でありながら
彩り豊かにアレンジ

ベンケイソウ科の植物は、ひとつひとつが大ぶりなロゼット系とは異なり、葉が小さかったり細いものが中心です。そのため、細かく分割することで多くの種類をアレンジに含めることができ、グランドカバーとして重宝されます。またアレンジの主役として使えば、器のなかにまるで自然の世界を切り取ったような世界を表現することができます。

PART 6

ベンケイソウ科

小さな器のなかに
セダムの森を表現する

　自生する"セダムの森"を器のなかに切り取るイメージでアレンジします。小ぶりな器を用意して、制作しましょう。ゴールデンカーペットや松葉万年草などバリエーション豊かなグリーンを集め、虹の玉や春萌といった特徴的な植物で彩りを加えることで、自然でありながらカラフルに仕上がります。

　なお、アレンジでは乾燥した土を使うことが基本ですが、葉が細く小さなセダム属に関しては多少湿っていてもOKです。根が細く水の蓄積量が比較的少なめなので、土に水気があってもしっかりと根を張るのです。

ベンケイソウ科のアレンジ組み合わせ例

1 松葉万年草(セダム属)	5 バリダム(セダム属)	9 虹の玉(セダム属)	13 プロリフェラ(セダム属)
2 ラベンダー(セダム属)	6 覆輪万年草(セダム属)	10 春萌(セダム属)	14 ビアホップ(セダム属)
3 グリーンペット(セダム属)	7 アルブム(セダム属)	11 ドラゴンズブラッド(セダム属)	15 若緑(クラッスラ属)
4 ゴールデンマキノイ(セダム属)	8 ゴールデンカーペット(セダム属)	12 トリカラー(セダム属)	16 パンクチュラータ(クラッスラ属)

小さめの器にネットを敷く

1
器はできるだけ鉢底穴のあるものが望ましい。セダム属のアレンジでは、小さめの器が多い。

2

3
ネットをカットし、鉢底穴を覆うように敷いて穴をふさぐ。

4
それぞれの苗をカップから出す。まずカップを両手で持ち、指で"ぐにぐに"と押す。

5
根元を持って、力は入れずに上に引き抜く。下方向に引き抜くと、土が葉にかかってしまう。

6
両手の親指を土に差し込むようにして分割する。

PART 6

ベンケイソウ科

苗をカップから出して分割する

アレンジに合わせて、さらに分割する。

分割の作業で根がとれてしまうことがあるが、再利用できるのでとっておく。
※再利用の方法はP157参照

1種類につき、1～2本になるまで分割する。

ほかの植物も同様に、カップから出して分割する。

CLOSE UP
群生している植物はピンセットを使って抜き出す

プロリフェラなど群生しているものは、密集しているので抜き出したくても手が入らない。強引に抜こうとすると葉がとれてしまうので、その際にはポットを指でぐにぐにと押したら横からピンセットを差し込んで持ち上げる。

PART 6

カップに土を入れる。器が小さいので石はなしで、土の量も少なめに。

ゴールデンカーペットを器の縁に手で当て、土を寄せる。アレンジでは外側から植えるのが基本。

ひとつの茎から全ての葉が出ている場合は、分割できないので、使いたい部分を剪定。ハサミで切る際には、茎の近くでカット。切った葉は再利用できる。

上からかぶせるように、プロリフェラを植える。グランドカバーを最初に植えているので、すき間が埋まる。

同様の作業で全種をカップから抜きとり、アレンジに合わせて分割する。

ベンケイソウ科

ベンケイソウ科アレンジ 組み合わせのポイント

- ☑ セダム属は水の蓄積量が比較的少ないので、分割する際にはなるべく根を残す。
- ☑ グランドカバーの上からかぶせるように組み合わせる。

119

ハサミとピンセットで形を整える

ゴールデンマキノイを横に植える。細いのでピンセットで土に潜り込ませるように。

長すぎる部分は剪定する。バランスを見ながら作業する。

ドラゴンズブラッドを中央に配置し、他の植物にかぶせるようにピンセットで植える。深めに植えて、高さを合わせる。

必要に応じて、土を足して調節する。棒などで押し込むと良い。

PART 6

23
グリーンペット、パリダム、バンクチュラータ、若緑、覆輪万年草の5種でブーケを作る。

24

25
それぞれを手で、力を入れずに寄せる程度の力でまとめ、ピンセットで挟む。

26
ドラゴンズブラッドの裏側から植える。

27

28
ワイヤーを持ち、折り目をつける。

ベンケイソウ科

ベンケイソウ科アレンジ 組み合わせのポイント

- ☑ 背の高い植物は深めに植えて高さを合わせる。
- ☑ 色・形の違う5種を組み合わせてブーケにする。

ワイヤーを用いて固定する

29

30

ハサミで両端を切る。このU字のワイヤーを、必要に応じて複数個作る。

31

ワイヤーを、茎をまたいだ状態で差し込む。ピンで留めたように植物を固定できる。

32

必要に応じて、土を少しずつ足す。

33

指で押し込んで詰め、スペースを作る。

34

トリカラーをピンセットで差し込む。上に伸びる植物なので、中央辺りがベター。

ベンケイソウ科アレンジ 組み合わせのポイント

☑ セダム属は形が似ているので、さまざまな色を組み合わせてアレンジする。
☑ 上向きに育つ植物は中央に植える。

PART 6

ベンケイソウ科

トリカラーをブーケなどと絡ませて、自生しているように表現する。

アルブムをグランドカバーに使い、春萌の逆側のスペースを埋める。

春萌をゴールデンカーペットにかぶせるように植える。必要ならワイヤーで固定する。

松葉万年草をプロリフェラあたりのすき間にピンセットで植える。

CLOSE UP
1年後を見越して
レイアウトする

グランドカバーを駆使してすき間を埋めつつ、外側に向けて植物をレイアウトすることが大切。これにより、器を包み込むような美しいアレンジに成長する。完成の瞬間だけではなく、1年後の形を想像しながら制作しよう。

バランスよく寄せ植える

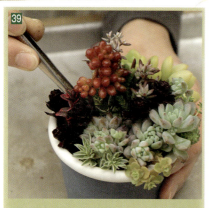

ピンセットで中央辺りに虹の玉を差し込む。

器のわきにある隙間に、ゴールデンカーペットを植える。

残りのスペースにビアホップを入れる。狭いのでピンセットで慎重に。

指で植物を詰めて、土を流し込んで足す。

ベンケイソウ科アレンジ 組み合わせのポイント

- ☑ 色味にメリハリがつくように組み合わせる。
- ☑ 狭い部分はピンセットと棒を駆使する。

CLOSE UP

棒で押し込んで土を調整する

土を流し込んだあとに、棒を使うとうまく調整できる。器の縁から差し込んで動かすことで、土を下まで押し込むことができる。逆の手で植物に軽口からを入れて寄せれば、スムーズに作業を進められる。

PART 6

ベンケイソウ科

ビアホップと春萌の間のあたりに、ラベンダーを植える。

ビアホップの横にある最後のスペースに、松葉万年草を植える。

形を整えるなど、仕上げを施したら完成。

ベンケイソウ科セダム属ずかん

【あ行】
- オーロラ……………………………… 128
- 黄麗（おうれい）…………………… 134

【か行】
- カメレオン…………………………… 136
- グラバツム…………………………… 128
- グリーンペット……………………… 129
- コーラルカーペット………………… 129
- ゴールデンカーペット……………… 136
- ゴールデンビューティー…………… 128
- ゴールデンマキノイ………………… 129

【さ行】
- スプリングワンダー………………… 129

- スワベオレンス……………………… 130

【た行】
- タイトゴメ…………………………… 130
- 玉つづり（たまつづり）…………… 136
- 月の王子（つきのおうじ）………… 134
- 天使の雫（てんしのしずく）……… 135
- デジフィルム………………………… 130
- トリカラー…………………………… 131
- ドラゴンズブラッド………………… 130

【な行】
- 虹の玉（にじのたま）……………… 135

【は行】
- 春萌（はるもえ）…………………… 134

ベンケイソウ科セダム属には 400 以上の種類があり、バリエーションの豊富さが魅力のひとつです。時間とともに群生することが特徴で、生命力が強く、比較的育てやすい植物といえます。日本では、「万年草」の名称でも親しまれています。

パリダム……………………… 131	松葉万年草
パープルヘイズ………………… 131	（まつばまんねんそう）………… 137
ヒスパニクム…………………… 128	松姫（まつひめ）……………… 135
ビアホップ……………………… 131	森村万年草
覆輪万年草	（もりむらまんねんそう）……… 135
（ふくりんまんねんそう）……… 136	
覆輪丸葉万年草	【ら行】
（ふくりんまるばまんねんそう）… 137	ラベンダー……………………… 132
プロリフェラ…………………… 132	リトルゼム……………………… 133
細葉万年草	リトルビューティー…………… 133
（ほそばまんねんそう）………… 134	ルベンス………………………… 133
ポスティム……………………… 132	ロッティー……………………… 133

【ま行】
マキノイ………………………… 132

ベンケイソウ科セダム属を楽しむ

オーロラ

小ぶりで肉厚の可愛らしい葉が特徴。斑入りで葉緑素が薄いが、よく増える。花色はクリーム色。

グラパツム

丸く肉厚の葉が枝分かれするように、上に向かって育つ。春になると白い花を咲かせる。秋には葉先が紅葉する。

ゴールデンビューティー

針のように長い黄緑色の葉が特徴。10cm以上の高さまで育つ。暑さと寒さには比較的強い。

ヒスパニクム

細かな葉が密集し、玉の形に見えるのが特徴。苔のように横に広がるように育つ。夏に白い花を咲かせる。

PART 6

ベンケイソウ科

グリーンペット

縦長の小さな葉が密集し、上に向かって育つ。深緑の葉色がきれい。春に白い花を咲かせ、秋には紅葉する。

コーラルカーペット

小ぶりで肉厚の葉が可愛い種。花は咲かないが紅葉時に葉が赤くなる。寒さに強く、多少の雪や霜には耐えられる。

ゴールデンマキノイ

黄色がかった平たく丸い葉が、ロゼットを作りながら群生する。枝が跳ね上がりながら育ち、黄金丸葉万年草とも呼ばれる。

スプリングワンダー

ロゼット状の葉を持つ種。春になると薄ピンクの花を咲かせ、秋には紅葉する。夏によく成長する。

ベンケイソウ科セダム属を楽しむ

スワベオレンス

ロゼット状の葉が特徴で、柔らかい白粉葉がきれい。広がるように大きく育つ。夏の過湿に弱い。

タイトゴメ

深緑の細かな葉が密集し、苔のように横に広がるのが特徴。暑さと寒さには比較的強い。原産国は日本。

デジフィルム

グレーがかった青味のある丸い葉が特徴。初夏に白い花を咲かせる。寒さと暑さ、乾燥にも強いため育てやすい。

ドラゴンズブラッド

黒紫の平たく薄い葉が特徴で、広がるように横に育つ。暑さに弱いため夏は特に注意が必要。秋に紅葉する。

PART 6

ベンケイソウ科

トリカラー

緑と白の色味がきれいな葉を持つ。苔のように横に広がって育つ。暑さに弱いため夏は特に注意が必要。秋に紅葉する。

パープルヘイズ

丸くコロコロの葉が可愛い種。夏は青緑の葉で、秋には葉先が紫色に紅葉する。暑さに弱いため夏は特に注意が必要。

パリダム

白っぽい緑色の細かな葉が可愛い種。上に向かって伸びるように育つ。比較的寒さに強い。

ビアホップ

薄緑の小さく丸い葉が密集している。上に向かって伸びるように育ち、茎が下に垂れる。花色はピンク。

ベンケイソウ科セダム属を楽しむ

プロリフェラ

葉先が薄紫で、脇芽を出して群生するのが特徴。春になると黄色い花を咲かせる。

ポスティム

薄緑の小さな葉が密集し、枝が垂れながら跳ね上がるように育つ。春になると、白い花を咲かせる。

マキノイ

平たく薄い葉が、横に広がるように育つ。寒さには強いが高温多湿に弱いので注意。丸葉万年草とも呼ばれる。

ラベンダー

深緑の葉を持つ枝が、下に垂れながら跳ね上がるように育つ。秋に全体が紅葉する。暑さと寒さには比較的強い。

PART 6

ベンケイソウ科

リトルゼム

肉厚の葉を持ち、脇芽を出して群生する。春になると黄色い花を咲かせる。秋に全体が紅葉する。

リトルビューティー

広がりのある肉厚の葉を持ち、枝分かれしながら上に向かって育つ。春に白い花を咲かせ、秋には葉先が紅葉する。

ルベンス

丸みのある肉厚の葉が密集している。春から夏まで上に向かってよく育つ。春に黄色の花を咲かせる。葉が落ちやすい。

ロッティー

肉厚で白く丸みのある葉が可愛い種。脇芽を出して群生する。春に白い花を咲かせる。秋に葉先が紅葉する。

ベンケイソウ科セダム属を楽しむ

黄麗
（おうれい）

葉は厚みがあり、葉先が赤いのが特徴。上に向かって育つ。春に白い花を咲かせ、秋に全体が紅葉する。

月の王子
（つきのおうじ）

黄麗の交配種で、葉は厚みがあり鮮やかな緑色をしている。紅葉によって葉の先端が、赤色に染まることが特徴。

細葉万年草
（ほそばまんねんそう）

細かく小さな葉が特徴で、カーペット状に広がるように育つ。寒さに強いが暑さを苦手とする。

春萌
（はるもえ）

肉厚の丸い葉が可愛い種。上に向かって伸びながら垂れる。春になると白い花を咲かせる。花の香りがよい。

PART 6

ベンケイソウ科

松姫
（まつひめ）

肉厚の葉の先が赤いのが特徴。上に向かって育つ。春に白い花を咲かせ、秋に葉先が紅葉する。暑さに弱い。

森村万年草
（もりむらまんねんそう）

きれいな緑色の葉が横に広がるように育つ。秋に葉先が紅葉する。暑さと寒さには比較的強い。

天使の雫
（てんしのしずく）

白く雫型の葉が可愛らしい小ぶりの種。上に向かって育つ。暑さに弱いので、特に夏の管理には注意が必要。

虹の玉
（にじのたま）

つやつやとした丸みのある葉が可愛らしい種。春に黄色い花を咲かせ、秋に紅葉する。丈夫で育てやすい。

ベンケイソウ科セダム属を楽しむ

覆輪万年草
（ふくりんまんねんそう）

細長い葉が広がるのが特徴で、脇芽を出して群生する。冬は休眠するのでほとんど水やりの必要はない。

カメレオン

肉厚の細長い葉をつけ、上に向かって育つ。夏に白い花を咲かせ、秋は全体が紅葉する。

ゴールデンカーペット

細かく密集した葉をつけ、カーペット状に広がるように育つ。秋に全体が紅葉する。暑さと寒さには比較的強い。

玉つづり
（たまつづり）

白味のある緑の葉をつけ、上に向かって伸びながら下に垂れる。暑さに弱い。夏の過湿による黒斑病に注意。

PART 6

ベンケイソウ科

覆輪丸葉万年草
（ふくりんまるばまんねんそう）
葉の縁に白い斑が入るのが特徴で、枝が垂れながら跳ね上がるように育つ。暑さに弱く、夏の過湿による黒斑病に注意。

松葉万年草
（まつばまんねんそう）
松の葉のような赤茶色のトゲトゲした葉を持ち、上に向かって育つ。暑さと寒さに比較的強い性質を持つ。

セダム属・クラッスラ属の由来について

北極海と北大西洋の間にあるグリーンランドからアフリカ大陸まで、セダム属はほとんど全世界に分布しています。岩などに張りつく姿にちなみ、ラテン語の"sedere（座る・固定する）"が名前の由来です。同じくベンケイソウ科のクラッスラ属は、葉の分厚さにちなみラテン語の"crassula（厚い）"が名前の由来となっています。

ベンケイソウ科ずかん（クラッスラ属・セデベリア属・パキフィツム属・カランコエ属・センペルビウム属）

【あ行】
- 赤鬼城（あかおにじょう）………142
- アルボレッセンス………………140
- ウィリアム………………………151
- ウラヌス…………………………152
- 大紅巻絹（おおべにまききぬ）…153

【か行】
- ガゼル……………………………151
- ギンゾロエ………………………140
- グラウクム………………………146
- グラメウス………………………151
- グリーンアイス…………………152
- 黒兎（くろうさぎ）……………149
- 郡雀（ぐんじゃく）……………146
- コルデタ…………………………143
- コンパクツム……………………146
- 胡蝶の舞（こちょうのまい）…148

- ゴーラム…………………………142
- ゴールデンラビット……………148

【さ行】
- サルメントーサ…………………143
- サンライズマム…………………144
- シャンハイローズ………………154
- 樹氷（じゅひょう）……………145
- スノージェイド…………………144

【た行】
- ダリーダール……………………144
- 千代田の松（ちよだのまつ）…147
- 月兎耳（つきとじ）……………149
- 月美人（つきびじん）…………147
- テデルハイド……………………152
- デイビット………………………140
- 唐印（とういん）………………150

ベンケイソウ科は植物の形のバリエーションが魅力のひとつです。クラッスラ属は葉っぱが重なって伸び、パキフィツム属は丸々とした葉が特徴です。そのほかセデベリア属、カランコエ属、センペルビウム属など多くの種類があるので、好みの植物を見つけましょう。

【は行】
白銀の舞（はくぎんのまい）……150
バラマリー………………………154
パンクチュラータ………………140
火祭り（ひまつり）………………141
ピンクパール……………………154
ファイヤーレディ…………………153
ファンファーレ……………………145
フミリス……………………………148
フーケリー…………………………146
福兎耳（ふくとじ）………………148
不死鳥錦（ふしちょうにしき）…150
冬もみじ……………………………149
ブラウニー…………………………151
ヘップ………………………………153
紅提灯（べにちょうちん）………149
ホービット…………………………141
星の王子（ほしのおうじ）………142
ボオレデネグル……………………154

【ま行】
マーログ……………………………152
舞乙女………………………………143
ムスコーサ…………………………141
紅葉祭り（もみじまつり）………141
桃美人（ももびじん）……………147

【ら行】
ラブリーレディ……………………153
レディジア…………………………145
ロゲルシー…………………………143

【わ行】
若緑（わかみどり）………………142

ベンケイソウ科クラッスラ属を楽しむ

デイビット

丸く平たい小さな葉がいくつも重なって育つ。葉の裏側には毛を帯びている。紅葉すると、全体が鮮やかな赤色に染まる。

パンクチュラータ

赤みがかった茎が特徴的な、アフリカ原産の種。白く美しい花を咲かせる。プルイノーサという名前でも呼ばれる。

アルボレッセンス

肉厚な丸い葉が上向きに育つ。葉を縁取るように、赤色に染まる特徴がある。成長はゆっくりで、大きくなっても10cm程度。

ギンゾロエ

小さな葉は三日月をしており、いくつもがにぎやかに生える。生命力が強く、白い毛を帯びており手触りが独特。

PART 6

ベンケイソウ科

ホービット

細長く丸い葉は鮮やかなグリーンで、表面がつるりとしており光沢感を楽しめる。紅葉すると、葉先から赤色に染まる。

ムスコーサ

とても小さな葉が、上に伸びる茎にびっしりと連なっている。ある程度伸びると茎が倒れ、春にはごく小さな花を咲かせる。

火祭り
（ひまつり）

ヘラ状の赤みがかった葉は、紅葉によって真っ赤に染まる。比較的育つスピードが早く、秋には小さな白い花を咲かせる。

紅葉祭り
（もみじまつり）

先端の尖ったヘラ状の葉が、花のように広がりながら育つ。春夏に伸びて育つ。ワインレッドに染まる紅葉が魅力。

ベンケイソウ科クラッスラ属を楽しむ

若緑
（わかみどり）

茎に先端が尖った小さな葉が密集しており、育つと枝分かれして伸びていく。環境によって緑色の濃度が変化する。

星の王子
（ほしのおうじ）

小ぶりな三角形の葉が何枚も広がり、星のような形を作る。乾燥に強い性質を持ち、紅葉すると葉を縁取るように赤く染まる。

赤鬼城
（あかおにじょう）

ヘラ状の平べったい葉が、花のように広がりながら育つ。鮮やかなグリーンが、葉先から深い赤に染まる紅葉が人気。

ゴーラム

棒状の細長い葉が特徴で、表面はつややか。先端がへこんでおり、やや赤く染まっている。独特な形から別名「宇宙の木」。

PART 6

ベンケイソウ科

コルデタ

うねりを持ったヘラ状の平べったい葉を持ち、表面にツブツブとしたへこみがある。上向きに、枝分かれしながら育つ。

サルメントーサ

葉についたギザギザが特徴。薄い黄色の縁取りは紅葉するとピンク色になり、茎も赤色に染まる。茎が上向きに育つ。

ロゲルシー

ヘラ状の葉は先端が丸く、ふっくらと肉厚。全体が毛に覆われており、紅葉すると先端が緑色から赤色に染まる。

舞乙女（まいおとめ）

肉厚のごく小さな葉が連なるように茎を覆っており、紅葉すると先端が赤くなる。数珠姫とも呼ばれ、湿度に弱い性質がある。

ベンケイソウ科セデベリア属を楽しむ

サンライズマム

細長く先端が尖った葉が、いくつも広がりながら育ち、紅葉では葉先から赤色に染まる。イエロームーン、新立田とも呼ばれる。

スノージェイド

丸みのある葉が密集して育ち、茎は上向きに伸びる。暑さに弱い特徴があり、ハンメリーと呼ばれることもある。

ダリーダール

先端の尖った細長いヘラ状の葉を、放射状につけることが特徴。小さな種で、育つと群生する。乾燥に強い性質を持つ。

PART 6

ベンケイソウ科

ファンファーレ

葉が密集して花のように広がる。細長く尖っているものの、葉はやわらかい。青がかった色は一年を通じて大きく変化しない。

レディジア

肉厚で光沢感のある葉が、季節の移り変わりに合わせて緑から赤、黄色と変化する。枝分かれしながら、上に伸びていく。

樹氷
（じゅひょう）

白がかった葉は丸く、上向きに密集して育つ。紅葉によって葉先が少し赤色に染まる。日光を好み、春には花を咲かせる。

ベンケイソウ科パキフィツム属を楽しむ

グラウクム

肉厚の葉が放射状に広がり、濃い赤色をしている。暗い色合いの葉と対称的に、夏につける花は鮮やかな赤色をしている。

コンパクツム

丸みのあるふっくらとした可愛らしいグリーンの葉が特徴で、広がりながら育つ。冬は休眠期なので水やりは最低限にする。

フーケリー

葉は濃い緑色で、先端が赤みがかっている。密集して上に育ち、群生する。春には赤色の花を咲かせる。

郡雀（ぐんじゃく）

やや灰色がかった緑色の葉が特徴で、先端は白い。上向きにゆっくりと育つ。京美人という名前でも呼ばれる。

PART 6

ベンケイソウ科

月美人
(つきびじん)

丸々と肉厚な、赤みがかった葉が可愛らしい。春には鮮やかな赤色の花をつける。高温や湿度のある環境に弱い。

千代田の松
(ちよだのまつ)

肉厚なヘラ状の葉には模様があり、放射状に広がる。紅葉で紫色に染まる。ロンギフォリウムという名前でも呼ばれる。

桃美人
(ももびじん)

丸型のふくらみのある形状の葉を持ち、紅葉によってピンク色に染まる。成長はゆっくりで、暑さに弱く夏は葉が落ちやすい。

ベンケイソウ科カランコエ属を楽しむ

ゴールデンラビット

丸みのある細長い葉は毛を帯びており、先端は黒く色づき紅葉すると黄金色に染まる。黄金月兎耳という名前でも呼ばれる。

フミリス

独特な模様のついた平べったく丸い葉が特徴。成長はゆっくりで低気温の環境を苦手とし、春になると花を咲かせる。

福兎耳
（ふくとじ）

肉厚で細長い葉はやや赤みがかっている。全体に毛を帯びており、さわると楽しい感触。育つと株を増やして群生する。

胡蝶の舞
（こちょうのまい）

いくつもの平べったい葉が、縁取るように赤く染まる紅葉が美しい。寒さに弱く、葉をキレイに保つには温度管理が大切。

PART 6

ベンケイソウ科

月兎耳
（つきとじ）

やや平坦な楕円形の葉は毛を帯びており、先端のギザギザが黒っぽく色づく。育つと茎が、枝分かれしながら上に伸びる。

紅提灯
（べにちょうちん）

小さく丸い楕円形の葉が、連なりながら上向きに育つ。紅葉すると赤く染まる。春に提灯型の赤い花を咲かせることが特徴。

黒兎
（くろうさぎ）

月兎耳の、葉を覆う毛が細かい種。葉先も黒が濃く、模様のように色づくことが特徴。寒さに弱く、育つと上向きに伸びる。

冬もみじ

平べったい楕円形の葉についたギザギザが特徴で、鮮やかな赤色に染まる紅葉が魅力。春に小さく黄色い花を咲かせる。

ベンケイソウ科カランコエ属を楽しむ

唐印
（とういん）

平べったく大ぶりな葉が上向きに育ち、紅葉で葉先から鮮やかな赤色に染まる。デザートローズなどの別名を持つ。

白銀の舞
（はくぎんのまい）

楕円形の葉は先端がギザギザで、表面に白粉を帯びている。春にピンク色の花を咲かせる。カランコエ・プラミとも呼ばれる。

不死鳥錦
（ふしちょうにしき）

楕円形の葉が折り目をつけてヘラ状になっており、独特の模様が特徴。横に広がるように葉をつけ、育つと上向きに伸びる。

ベンケイソウ科センペルビウム属を楽しむ

PART 6

ベンケイソウ科

ガゼル

小ぶりな葉がロゼット状に広がり、全体を綿毛で覆う独特な形が特徴。寒さに強い性質を持ち、高温と多湿には弱い。

ウィリアム

先端が尖ったグリーンの葉が、放射状に美しく重なっており、気温が下がってくると紅葉する。寒さに強い性質。

ブラウニー

放射状に広がる三角形の葉は、先端から赤色に染まって徐々に濃くなる。日当たりを好み、育つと群生する。

グラメウス

丸い葉の先端が尖り、黒っぽく染まる独特な形状が特徴。幾重にも積み重なり、ロゼットを崩さずに大きく育つ。

ベンケイソウ科センペルビウム属を楽しむ

ウラヌス

細長い葉がロゼット状に広がる。紅葉すると葉先から赤く染まり、暖かくなるにつれ鮮やかな色合いへと変化する。

グリーンアイス

小さくグリーンの葉が、上向きに育つ。全体に白っぽい綿毛を帯びていることが特徴。育つと茎だちする。

マーログ

緑色の小さな葉が放射状に広がって、ロゼットを形成する。葉は全体に毛を帯びており、紅葉では葉先から染まる。

テデルハイド

やや平べったい葉は、ヘラ状になっており葉先から染まって赤色が濃くなる。先端は尖っており、全体に毛を帯びている。

PART 6

ベンケイソウ科

大紅巻絹
（おおべにまききぬ）

ロゼット状に広がる細長い葉は毛を帯び、特に綿のようになっている先端が目を引く。気温が下がると鮮やかに赤く染まる。

ラブリーレディ

つやのある細長い葉が、放射状に広がる。春夏は深い緑色、秋冬はワインレッドに色が変化する性質を持つ。

ファイヤーレディ

毛を帯びた葉が、育って大きくなるとともにうねりを持った形状になる。深い赤色に染まる紅葉が魅力。

ヘップ

平べったいヘラ状の葉がロゼットを形成する。先端が紫色っぽく染まっており、葉は細かな毛で覆われている。

ベンケイソウ科センペルビウム属を楽しむ

シャンハイローズ

細かな毛に覆われている薄く細長い葉は、先端が尖っており、鮮やかなグリーン。紅葉すると、葉先から深い赤色に染まる。

ピンクパール

薄めのヘラ状の葉は、毛を帯びている。寒さに強い性質を持ち、紅葉でのピンクとグリーンのグラデーションが魅力。

ボオレデネグル

三角形のヘラ状の葉が放射状に広がり、表面を毛で覆う特徴がある。春になると花を咲かせる。

バラマリー

細長い葉はヘラ状で細い毛を帯びており、ロゼットを形成する。気温が下がると赤色に染まり、暑さにやや弱い。

水やりのタイミングを察知する

ベンケイソウ科

　ベンケイソウ科を育てる際には、水やりのタイミングを逃さないようにしましょう。葉のハリを目で見る・手で触るなどして確認します。しなびてシワができていたら、水をあげるタイミングです。

　置き場所としては風通しの良いところ。密集して育つため梅雨は蒸れやすいので、特に注意しましょう。また器も、ブリキや缶は風通しが悪いので管理が難しくなります。

水やりは間から差し込むように。これにより、葉に水がかからない。

伸びすぎたらハサミでカット
切った芽を植え替える

　群生し、長く伸びるベンケイソウ科の植物は、ドンドン広がってしまいます。キレイにキープするために、古い芽をハサミでカットしましょう。剪定した芽は新しい器に植え替えれば、しっかりと根をはります。時期としては成長期がオススメです。なお剪定と植え替えは、必ずしも行うべき作業ではないので、必要を感じた場合のみ行いましょう。

剪定をしないと、長さや方向がバラバラになってしまう。ハサミを用意して剪定をしよう。

剪定

古い芽を手でとって、ハサミを当てる。

茎に近い部分でカットする。

新しい芽を残して形を整える。剪定した葉は捨てずに残す。

植え替え

切り口が乾いたところで、新しい器と土、ピンセットを用意。

ピンセットでグッと土に押し込むように、古い芽を植え替える。

新しく根を張る。明るいところに置くと促進される。植え替えは成長期に行うと、根付きがさらに早くなる。

ベンケイソウ科

監 修

TOKIIRO

多肉植物に特化したアレンジを提案する近藤義展、近藤友美とのユニット。グリーンデザイン、ガーデンデザイン、ワークショップ開催など多岐にわたる活動の中から、空間（器）に生きるストーリー（アレンジ）を創作している。

問い合わせ
ATELIER TOKIIRO
ACCESS：〒279-0042 千葉県浦安市東野 2-5-29
TEL：047-704-8483
URL：www.tokiiro.com

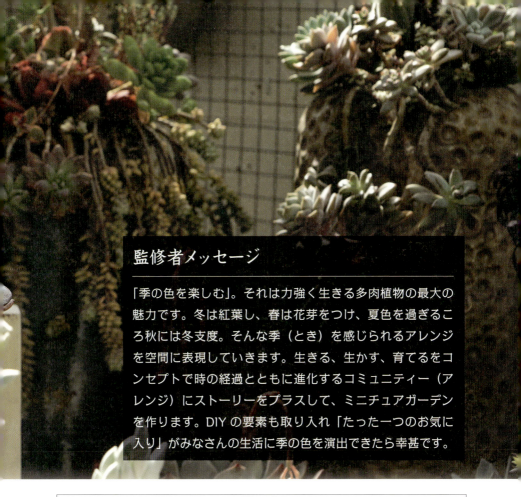

監修者メッセージ

「季の色を楽しむ」。それは力強く生きる多肉植物の最大の魅力です。冬は紅葉し、春は花芽をつけ、夏色を過ぎるころ秋には冬支度。そんな季（とき）を感じられるアレンジを空間に表現していきます。生きる、生かす、育てるをコンセプトで時の経過とともに進化するコミュニティー（アレンジ）にストーリーをプラスして、ミニチュアガーデンを作ります。DIYの要素も取り入れ「たった一つのお気に入り」がみなさんの生活に季の色を演出できたら幸甚です。

協　力

サボテンミサイル
ACCESS：〒299-4301 千葉県長生郡一宮町一宮 358-2
TEL：047-536-2339
URL：www.saboten-missile.com

デザイン：居山勝
撮　影：近藤義展（TOKIIRO）
編　集：株式会社ギグ

アレンジが広がる　多肉植物ずかん
～種類別にわかる育て方・飾り方～　新版

2019年3月5日　第1版・第1刷発行

監修者　TOKIIRO（ときいろ）
発行者　メイツ出版株式会社
　　　　代表者　三渡　治
　　　　〒102-0093　東京都千代田区平河町一丁目1-8
　　　　TEL：03-5276-3050（編集・営業）
　　　　　　　03-5276-3052（注文専用）
　　　　FAX：03-5276-3105
印　刷　株式会社厚徳社

●本書の一部、あるいは全部を無断でコピーすることは、法律で認められた場合を除き、著作権の侵害となりますので禁止します。
●定価はカバーに表示してあります。
©ギグ, 2016. 2019 ISBN978-4-7804-2148-4 C2077 Printed in Japan.

ご意見・ご感想はホームページから承っております。
メイツ出版ホームページアドレス http://www.mates-publishing.co.jp/

編集長：折居かおる　　副編集長：堀明研斗　　企画担当：大羽孝志／堀明研斗

※本書は2016年発行の『アレンジが広がる　多肉植物ずかん～種類別にわかる育て方・飾り方』の新版です。